Le français sans fautes

Jacques Capelovici

Agrégé de l'Université

Le français
sans fautes

Répertoire des erreurs les plus fréquentes
de la langue écrite et parlée

ACROPOLE

AVANT-PROPOS

Nombreux sont nos compatriotes qui, à juste titre, se plaignent que, tant à la radio qu'à la télévision, la langue française soit écorchée, voire massacrée, par des gens qui, étant appelés par leur profession à s'adresser à des millions d'auditeurs, devraient normalement la respecter, d'autant plus qu'ils ont fait des études qui, sauf exceptions, les ont menés au moins jusqu'au baccalauréat.

Mais ces critiques seraient bien embarrassés pour dire dans quelles parties des programmes scolaires les éminents « pédagogues » chargés de les établir ont prévu de faire enseigner en classe les formes correctes pendant les très nombreuses heures de cours portant dans les emplois du temps la noble et alléchante appellation de « français ». Car, en réalité, la plus monumentale indifférence règne dans ce domaine pourtant essentiel. C'est pourquoi notre jeunesse studieuse ne dispose pas d'un seul manuel scolaire dont le contenu habilement élaboré et dosé en tenant compte des principales victimes du massacre lui permettrait de ne pas s'y livrer, aujourd'hui ou demain.

La déplorable lacune que constitue l'absence totale d'une programmation systématique et progressive de l'enseignement de notre langue et des formes correctes qui doivent se substituer à celles qui sont le plus souvent malmenées aboutit non seulement à l'anarchie dans ce domaine, mais aussi à un certain mépris de toutes ces questions apparemment sans importance.

5

Dans ces conditions, ne nous étonnons pas qu'un Premier ministre français en exercice, de surcroît reçu premier à l'agrégation de lettres modernes, ait pu dire entre autres choses à la télévision, et souvent plusieurs fois :

« Vous **disez** », forme très inattendue de « vous **dites** ».
« **Un** espèce de », au lieu d'« **une** espèce ».
« Il **faut** mieux », à la place d'« il **vaut** mieux ».
« Une étoile **auquel** accrocher son espoir », pour « ... **à laquelle** ».

De la même façon, l'un des plus célèbres de nos compatriotes, dont je tairai également le nom, déclara à la télévision le jour même de sa brillante élection à l'Académie française :

« **Ceci** dit », alors que l'emploi du pronom **cela** est nettement préférable.
« **J'ai** pas l'impression », au lieu de « **je n'ai pas** ».
« Les dépenses qu'on a **fait** », pour « qu'on a **faites** ».
« Une œuvre **auquel** je crois », au lieu de « **à laquelle** ».
« L'environnement dans **lesquels** nous vivons », alors que le pronom relatif « **lequel** » s'imposait sans conteste.
« Le rôle de l'Académie est **déterminante** », accordant cet adjectif non point avec le sujet qu'il qualifie, mais avec le complément qui le précède directement.

Soyons objectifs. Quand un agrégé de lettres modernes et un nouvel académicien s'expriment de cette déplorable façon non en compagnie de familiers mais devant des millions de gens, il est très malaisé de reprocher à des professionnels de la radio ou de la télévision d'en faire autant par ignorance ou par désinvolture.

A ce rythme, le jour n'est pas loin où il y aura autant de langues françaises que d'habitants de ce pays ! En raison même de ce désordre, qui affecte notamment le vocabulaire, dont le sens peut varier d'un citoyen à un autre, la langue française, dont on vante si souvent la clarté et la précision, est aujourd'hui la seule et unique au monde dont des dizaines de millions d'usagers prennent de plus en plus :

1. Le plan pour la sphère en donnant au globe terrestre le nom usurpé de **mappemonde**, qui désigne en réalité une **carte plane**.

2. Le jour pour l'année en s'imaginant qu'une **décade** est une période de dix ans (soit une décennie), alors qu'elle ne dure que **dix jours**.

3. Le lauréat pour le candidat en nommant ce dernier **impétrant**, alors qu'il n'est que **postulant**.

4. Le quart pour le quadruple dans **quarteron**, qui n'a jamais signifié « quatre », mais le quart de cent, soit **vingt-cinq** et, dans certains coins de France, le quart d'une grosse (trois douzaines), soit **trente-six**.

5. L'innocent pour le coupable dans « le **soi-disant** assassin » qui, jurant ses grands dieux qu'il n'a jamais tué personne, est en réalité un « **prétendu** assassin ».

6. La clientèle pour ce qu'elle achète dans **achalandé**, qui qualifie en fait un magasin où abondent non pas les marchandises mais les chalands, qui sont des **clients**, comme vous le confirmeront des millions de francophones belges, suisses et canadiens.

7. L'ignorance pour le savoir dans ce ridicule et pédant « vous n'êtes pas sans **ignorer** » que tant de beaux esprits emploient bien à tort pour dire « vous n'êtes pas sans **savoir** », et qui signifie très précisément le contraire.

8. L'essentiel pour l'accessoire dans cette lancinante « simple **péripétie** » dont tant de journalistes nous rebattent les oreilles en croyant bien à tort parler d'un épisode sans importance.

9. L'intérieur pour l'extérieur en baptisant **gâchette** la

7

partie d'une arme à feu sur laquelle on appuie et qui est la (queue de) **détente**, ou en désignant sous le nom usurpé d'**arrimage** la jonction de deux vaisseaux spatiaux, qui est un **amarrage**.

10. La légitime reprise de son propre bien pour la prise pure et simple, la saisie, le vol (« les voleurs ont récupéré tous les bijoux »). Le verbe **récupérer** est ainsi détourné de son véritable sens, qui est celui de **recouvrer**.

11. La première fois pour la seconde ou les suivantes en déclarant qu'un remplaçant **rentre** sur un terrain de football où il n'a pas encore mis les pieds, comme si le verbe **entrer** avait cessé d'exister.

12. Enfin n'oublions pas les boissons **alcooliques**, soit à base d'alcool, comme le vin ou le rhum, injustement baptisées **alcoolisées** comme s'il s'agissait de l'eau gazeuse et de la limonade additionnées d'alcool en y versant du whisky, par exemple.

Ces douze exemples éloquents, auxquels s'ajoutent des centaines d'autres, démontrent à l'évidence la nécessité d'un ouvrage contribuant efficacement à sauver la langue française du délabrement dont elle est l'objet en mettant enfin les choses au point non seulement dans le vaste domaine du vocabulaire, mais aussi dans celui de son orthographe, sans oublier ceux de la prononciation et de la grammaire, si souvent violées par manque d'information.

Une telle entreprise est d'autant plus utile que, au cours de leurs études comme aux examens et dans l'exercice d'une profession, ceux qui par ignorance ou insouciance lutinent exagérément la langue française risquent de connaître bien des désagréments sous forme d'échecs scolaires ou de licenciements, notamment quand ils sont incapables de rédiger convenablement un rapport.

Pour être aussi efficaces que possible, les très nombreuses mises au point contenues dans le présent ouvrage tiennent le plus grand compte des fautes le plus couramment commises, dont l'élimination représenterait déjà un progrès appréciable. En l'absence de tout véritable manuel de langue française qui, en bonne logique, devrait servir de *vade mecum* aux écoliers, aux collégiens, aux lycéens, aux étudiants, ainsi qu'aux adultes ayant achevé leurs études, le livre qui leur est ici proposé devrait utilement combler cette béante lacune.

Enfin, ceux qui tiennent à ce qu'elle conserve une place de choix sur le plan international comprendront sans peine qu'une détérioration progressive et irrémédiable de la langue française l'empêcherait à coup sûr d'atteindre cet objectif dont cet ouvrage devrait la rapprocher dans une certaine mesure. Ayant arbitré quelque cinq mille émissions de télévision consacrées en tout ou partie à la langue française, je crois pouvoir affirmer que tous les espoirs sont permis dans ce domaine.

Jacques CAPELOVICI,
Agrégé de l'Université.

I. VOCABULAIRE

> Les conflits naissent moins de la diffé-
> rence entre les langues que des sens
> différents que donnent aux mêmes mots
> des gens croyant parler la même langue.

DÉTOURNEMENTS DE SENS
ET AUTRES ANOMALIES

1°) *Mots d'au moins quatre syllabes*

Pour certains, le désir de paraître et de « faire intellectuel » les pousse à employer, serait-ce à tort, des mots « majestueux » d'au moins **quatre syllabes**. En voici quelques exemples parmi les plus impressionnants.

ABSOLUMENT
« Êtes-vous marié ? — **Absolument**. — Vous habitez Paris ? — **Absolument**. » Et ainsi de suite... Dans l'esprit de tous ceux qui emploient cet impressionnant adverbe sans même se rendre compte du ridicule (hélas !), le petit mot **oui**, qui dit pourtant bien ce qu'il veut dire, ne ferait certainement pas l'affaire. Or, **absolument** est une réponse catégorique à ne pas employer dans n'importe quelles circonstances.

ACHALANDÉ
Dire en toute simplicité qu'on trouve un peu de tout dans ce supermarché serait trop banal et terre à terre. C'est pourquoi un bel esprit le qualifiera superbement de bien **achalandé**, en quatre syllabes. Or, comme l'a rappelé l'Académie française, un magasin bien achalandé attire de nombreux **chalands** ou **clients**. C'est donc une impropriété que de dire qu'un magasin est bien achalandé quand ses rayons sont garnis de produits abondants et variés, auquel cas il est bien **approvisionné**. Nuance...

N'oublions pas que, dans le langage commercial, les noms dérivés de **chaland** que sont **chalandise** et **achalandage** sont bel et bien relatifs à la **clientèle**.

Les dirigeants de la S.N.C.F. ou de la R.A.T.P. ne font allusion à aucune « marchandise » quand ils qualifient de bien **achalandée** une ligne très fréquentée. Et nombreux sont les pays francophones qui conservent au mot **achalandé** son véritable sens s'appliquant aux chalands, aux clients. De surcroît, le nombre des clients n'est pas nécessairement proportionnel à la quantité de marchandise surtout quand, dans certains pays défavorisés, de très longues files d'attente piétinent devant des boutiques où il n'y a presque rien à vendre.

A supposer qu'**achalandé** concerne demain la seule marchandise, faudra-t-il alors forger le terme « acclienté » pour combler le vide ainsi creusé ?...

ALTERNATIVE

Pourquoi employer ce nom dans le sens qu'il a en anglais alors que, comme l'a rappelé l'Académie française, il désigne en français le **choix** entre deux solutions, ce qui n'a strictement rien à voir avec l'« autre **alternative** » dont on nous rebat les oreilles. La lancinante « alternative » dont il est question en politique n'est autre qu'une **alternance**. Le choix entre le train ou l'avion constitue une **alternative** et, en cas de grève des chemins de fer, l'avion ne représente en aucune façon une « alternative », mais une solution de rechange si l'on avait d'abord envisagé de prendre le train.

Voir page 40.

AUTHENTIQUE

Si l'on peut qualifier d'**authentique** un tableau ou un document, il n'y a, en revanche, aucune raison de dire une « **authentique** culture » quand l'adjectif **vrai** ou **véritable** ferait aussi bien l'affaire.

CIRCONSCRIRE

Circonscrire un incendie n'est pas l'éteindre, mais l'**empêcher** de s'étendre.

COMMÉMORER

On ne **commémore** pas un anniversaire (tel un bicentenaire), mais un **événement**. L'anniversaire se **fête** ou se **célèbre** tout simplement.

ÉMOTIONNER

Ce verbe est critiqué comme faisant double emploi avec **émouvoir**. Mais ses partisans font remarquer qu'il ajoute une nuance à ce dernier, car il apparaît comme un télescopage des verbes **émouvoir** et **commotionner**. Sachant qu'il n'est pas unanimement accepté, il semble sage d'éviter l'emploi du verbe **émotionner**, dont on peut fort bien se passer.

EXCESSIVEMENT

Au lieu de dire qu'une cuisine, par exemple, est **très** grande, certains la qualifieront à tort d'**excessivement** grande, ignorant que cet adverbe signifie de toute évidence : d'une manière **excessive**, avec **excès**, donc avec **exagération**. Mais il est tout à fait normal de dire d'un individu qu'il est **excessivement** paresseux, dans le sens de **beaucoup trop** paresseux.

IMPECCABLE

Cet adjectif s'applique à une personne qui ne saurait **pécher** (latin **peccare**) ou se tromper : qui pourrait se vanter d'être **impeccable** ? Aujourd'hui, ce fascinant adjectif est souvent employé en parlant de choses : une chemise **impeccable**, un récit **impeccable**, un match **impeccable**. Or, cet élargissement de sens ne faisant pas l'unanimité, mieux vaut qualifier une chose de **parfaite**, **irréprochable**, **immaculée**. Le choix ne manque pas.

INTÉRESSANT

Trop souvent, cet adjectif abstrait est employé dans le sens de **pas cher**, de **bon marché**. N'est-il pas ridicule de dire que le veau et le porc sont très « intéressants » chez ce boucher en gros ? Traduire en anglais cet adjectif pompeux par **interesting** au lieu de **cheap** produirait un effet des plus cocasses !

INTERPELLER

De beaux esprits croient faire preuve de la plus haute intellectualité en déclarant qu'une œuvre d'art ou une situation tragique les **interpelle** alors que l'une ou l'autre **suscite leur intérêt**.

INTERVENIR

Avec ses quatre syllabes, le verbe **intervenir** est en train d'usurper le sens de **survenir**. De plus en plus, on entend parler d'un événement qui **intervient**, d'une inondation qui **intervient**, alors qu'il serait si facile de dire que l'un et l'autre **se sont produits**, tout simplement.

MALENTENDANT

Ah, l'élégante façon de dire **dur d'oreille** ! Hélas, contrairement à ce qui s'est passé pour **non-voyant**, remplaçant bien inutilement **aveugle**, nul n'a encore songé à substituer à **sourd** l'appellation tellement plus majestueuse de **non-entendant**. Il serait grand temps qu'un esprit supérieur songeât à combler cette lacune au nom de ce que certains baptisent pompeusement l'« évolution » de la langue !

MAPPEMONDE

Force est de reconnaître que le mot **mappemonde** est plus imposant que **globe**, dont des millions de gens mal informés font indûment un synonyme. Car il suffit de se rendre dans la salle des cartes d'un établissement scolaire pour constater que celle qui porte le nom de **mappe-monde** n'est autre qu'une **carte plane** généralement formée de deux cercles tangents à l'équateur représentant, à gauche, l'hémisphère occidental (continent américain et océan Pacifique) et, à droite, le reste du monde. Ce mot commode a pour origine le latin **mappa mundi** signifiant la **nappe du monde** (*cf.* anglais **map**), ce qui indique suffisamment clairement qu'une **mappemonde** n'est pas une sphère, mais un objet plat, une **carte plane**.

L'Académie française a d'autant plus raison de nous mettre en garde contre ce fâcheux glissement de sens que si le nom **mappemonde** devenait synonyme de globe, de sphère, nous aurions d'un côté surabondance de mots et, de l'autre, plus un seul pour représenter la carte plane dont il est ici question.

OPPORTUNITÉ

De toute évidence, l'**opportunité** est le caractère de ce qui est **opportun**. Exemple : l'**opportunité** de cette intervention nous laisse sceptiques. Or, depuis peu et sous l'influence de l'anglais **opportunity** signifiant **occasion** mais servilement rendu en français par des traducteurs mal inspirés, le nom **opportunité** tend à devenir synonyme d'**occasion**, qu'il dépasse de deux syllabes... C'est là un élargissement de sens qui ne s'impose nullement.

Voir page 49.

PÉDAGOGIE

Voilà le mot noble et « intellectuel » par excellence qu'emploient volontiers des gens austères à la mine compassée en le détournant le plus souvent de son véritable sens. Or, tout comme le nom **pédiatre**, auquel il est étymologiquement apparenté, ce beau nom de **pédagogie** concerne avant tout l'**enfance** et, contrairement à une idée reçue, ne se limite pas au seul domaine scolaire. C'est ainsi que la pédagogie d'une mère s'exerce à chaque instant quand elle met en garde ses jeunes enfants contre les nombreux dangers qu'ils peuvent affronter.

Qu'elle s'adresse à des mineurs ou à des adultes, la science ayant pour objet l'enseignement et ses méthodes n'est pas la pédagogie, mais la **didactique**, que la pédagogie proprement dite permet de mettre à la portée d'un jeune auditoire, notamment en employant un langage correspondant à son âge, ce qui, en définitive, est une question de simple bon sens et ne devrait pas exiger des stages aussi interminables que soporifiques.

C'est donc un non-sens que de parler de campagne **pédagogique** pour inciter les automobilistes (adultes) à la prudence ou éclairer les électeurs (également adultes) sur les bienfaits de l'action gouvernementale. Dans ce second cas, il ne s'agit pas de « pédagogie », mais de **propagande**, aussi longtemps qu'une grande personne ne se fait pas soigner par un pédiatre !

PÉRIPÉTIE

Une **péripétie** étant généralement un événement **important**, un coup de théâtre, les beaux esprits amateurs de mots « ronflants » d'au moins quatre syllabes se trompent lourdement en qualifiant de « simple **péripétie** » ce qui n'est, en réalité, qu'un **épisode**, qu'un **incident** sans grande importance. Il est grand temps de tordre le cou à ce contresens tenace.

RÉCUPÉRER

Doublet de **recouvrer**, le verbe **récupérer** en est le synonyme, ou peu s'en faut. Ce dernier signifie clairement : rentrer en possession de **son propre bien** : « Il a eu la chance de **récupérer** son portefeuille, qui lui avait été volé subrepticement. » On commet donc un monumental contresens en disant que des troupes ont « récupéré » des armes appartenant à l'ennemi ou que des cambrioleurs ont « récupéré » de l'argenterie. Dans le premier cas, les armes ont été **saisies**, dans le second cas, l'argenterie a bel et bien été **volée**.

SENSIBILITÉ

Naguère, sans pour autant être inscrit à un parti politique, on était de **tendance** libérale, socialiste, etc. Mais de beaux esprits ont mis fin à tout cela en remplaçant

18

le nom **tendance** par **sensibilité**, dont les cinq syllabes le rendent infiniment plus solennel. L'Histoire étant ce qu'elle est, il serait cocasse d'employer ce terme délicat pour parler de **sensibilité** stalinienne, hitlérienne ou khmer rouge.

SOLUTIONNER

Il n'y a aucune raison pour adopter ce verbe encombrant à la place de **résoudre**, car on ne **solutionne** pas un problème : on le **résout**. Ceux qui préconisent **solutionner** pour remplacer le verbe **résoudre** qui, à les entendre, serait trop difficile à conjuguer, sont incapables de nous dire pourquoi, sur leur lancée, ils ne remplacent pas également **absoudre** et **dissoudre** par « absolutionner » et « dissolutionner », qui répondraient pourtant au même critère.

Si l'on n'enterre pas rapidement le verbe **solutionner**, on aura demain le nom « solutionnement », d'où naîtra après-demain le verbe « solutionnementer », formé à l'image de **parlementer**.

SOPHISTIQUÉ

Signifiant d'abord **frelaté**, puis **alambiqué** et **affecté**, l'adjectif **sophistiqué**, d'allure fort distinguée, est trop souvent employé là où **complexe** ferait tout aussi bien l'affaire.

2°) Autres emplois fautifs ou contestables

Bien qu'assez couramment employés, nombreux sont les mots et tournures ci-dessous que contestent les gens qui attachent du prix à un français correct. C'est pourquoi les formules de substitution suggérées mettront ceux qui les emploient à l'abri de tout reproche.

ACCIDENTÉ

On peut parler d'un relief ou d'un parcours **accidenté**, mais on s'expose à la critique en parlant d'un piéton ou d'un automobiliste **accidenté**. Dans ce cas, on dira de préférence : **victime** d'un accident.

ALCOOLISÉ

Signifiant « additionné d'alcool », cet adjectif ne saurait qualifier la bière, le rhum, la vodka, etc., à l'état pur qui, étant à base d'alcool, sont des boissons **alcooliques***.

ALUNIR

Ce verbe a été rejeté par l'Académie des Sciences, l'Office du Vocabulaire français et l'Académie française, car **atterrir** suffit pour désigner l'action de prendre contact avec le **sol**, sans référence à une planète particulière. Ceux qui jugent que le verbe **atterrir** évoque trop directement notre planète pourront toujours dire **se poser sur la lune**.

En acceptant aujourd'hui **alunir** et **alunissage**, il faudrait en faire autant demain pour **amarsir** et **amarsissage**, **avénussir** et **avénussissage**, **ajupitérir** et **ajupitérissage** ! Certes, **se poser sur la lune** est plus long qu'**alunir** ; mais on dit bien qu'un avion **se pose** à Orly sans chercher à forger un verbe sur ce dernier nom.

AMENER

Ce verbe étant de toute évidence dérivé de **mener**, on ne saurait **amener** un crayon, un paquet et tout autre objet : on les **apporte**, du verbe **porter**. De la même façon, on les **rapporte** et on les **remporte** sans les **ramener** ni les **remmener**.

AMÉRIQUE

L'**Amérique** étant tout un continent, on risque de créer une équivoque en employant ce nom dans le sens d'**États-Unis**, même si les habitants de ce pays sont des **Américains**.

---

* Voir page 56.

AMODIER

Évoquant par son aspect les verbes **aménager** et **modifier**, le verbe **amodier**, d'allure très distinguée, est parfois employé à tort par de beaux esprits dans le sens de **modifier**. C'est ainsi qu'un ministre de l'Éducation nationale, censé connaître le français, n'hésita pas un jour à suggérer d'**amodier** les programmes scolaires... Ce contresens est d'autant plus grotesque que le verbe **amodier** est ainsi défini : « concéder l'exploitation d'une terre ou d'une mine moyennant une redevance périodique en nature ou en argent ». Il a pour dérivés **amodiation**, **amodiataire** et **amodiateur**.

AVATAR

Ce nom désigne une **transformation** et non pas une mésaventure.

BASER

D'aucuns rejettent ce verbe employé dans le sens de **fonder**. Une conviction **basée** sur de solides présomptions pourra donc être avantageusement remplacée par une conviction **fondée** sur de solides présomptions. On pourra également faire appel à : **s'appuyer, prendre appui, prendre pour base**.

Il va de soi que l'emploi du verbe **baser** est tout à fait licite dans le domaine militaire : des vaisseaux **basés** à Gibraltar.

BÉNÉFIQUE

Cet adjectif s'opposant à **maléfique**, on parlera d'un nombre et d'un astre respectivement considérés comme **bénéfique** et **maléfique**. Dans les autres cas, mieux vaut dire **bienfaisant** ou **salutaire**.

BOUEUX

Cet adjectif ne saurait désigner le métier d'**éboueur**.

CLÔTURER

Dans le sens d'« entourer d'une **clôture** », on peut aussi bien employer le verbe **clôturer** que **clore**. Mais, dans les autres cas, on utilisera ce dernier en disant **clore** les paupières, l'incident, la séance, le débat, etc. L'incident est donc **clos** et non pas... **clôturé**.

COMPORTER

Une entreprise peut **comporter** des risques, des dangers. Un train ne **comporte** pas mais **compte** ou **comprend** trente wagons.

CONSÉQUENT

Comme nous l'a rappelé l'Académie française, il ne faut pas employer **conséquent** dans le sens d'**important** et parler d'un événement **conséquent** pour dire qu'il est **important**. Ayant pour contraire **inconséquent**, l'adjectif **conséquent** signifie, en réalité : « qui raisonne et agit avec esprit de suite, avec logique ».

CONTONDANT

Il arrive que, séduits par cet adjectif, certains l'emploient à tort dans le sens de **tranchant**, comme s'il s'agissait d'un couteau ou d'une hache. Or, comme l'indique ce qualificatif, un instrument **contondant** produit des **contusions**, des meurtrissures : l'objet **contondant** qui a assommé la victime est peut-être un manche de pelle.

CONVOLER

Ce verbe élégant ne signifie pas simplement **se marier** mais **se remarier**.

DÉBUTER

Ce verbe n'admettant pas de complément d'objet, un match peut **débuter** en retard, mais on ne **débute** pas un match : on le **commence**, on l'**entame**.

DÉCADE

L'Académie française nous rappelle qu'une décade dure **dix jours** et non **dix ans**, période portant le nom de **décennie**.

DÉMARRER

Même remarque que pour **débuter** (voir plus haut). On ne **démarre** donc pas une compétition : on la **commence**.

DE SUITE

De suite signifie **à la suite, successivement, l'un après l'autre, d'affilée, sans interruption** : « Ils avaient dû dormir à la belle étoile trois jours **de suite**. » Puisque **de suite** n'est nullement synonyme de **tout de suite**, ne pas dire « la concierge revient **de suite** », « il faut vider les lieux **de suite** », mais, dans les deux cas, **tout de suite** ou **immédiatement**.

EFFACER

Qui, au café, aurait l'idée saugrenue de prier le garçon d'**effacer** la table au lieu de l'**essuyer** ? De la même façon, il est absurde, en classe, de demander à un élève d'**effacer** le tableau noir, car il ne peut que l'**essuyer**, tout comme il essuierait un mur. On **effacera** des inscriptions, des dessins, etc.

ÉMÉRITE

Ressemblant fort à **mérite** et **méritant**, l'adjectif **émérite** est abusivement employé dans ce dernier sens et dans celui de **talentueux, distingué, remarquable, éminent**, qui prouvent que, pourtant, le choix ne manque pas !

ENCOURIR

Plus long et, partant, plus « riche » que **courir**, le verbe **encourir** est de plus en plus employé à tort : « Il **encourt** un risque », « le danger **encouru** ». En réalité on ne peut que **courir** un risque, un danger. Mais on **encourt** une peine, un châtiment, une disgrâce et maints autres désagréments de ce genre.

ERREMENTS

Presque toujours employé au pluriel, ce nom vient d'un ancien verbe **errer**, qui signifiait **faire route**, et non point du verbe **errer**, au sens de **faire erreur**. C'est donc à juste titre que l'Académie française rappelle que le nom **errements** n'est nullement synonyme d'**erreurs**, mais qu'il signifie **manière d'agir** habituelle : nous sommes depuis longtemps habitués à ces **errements**. En raison de sa ressemblance avec **erreur**, le mot **errements** est souvent pris en mauvaise part.

ÉVITER

Si l'on évite un obstacle, un ennui, une difficulté, des inconvénients, il n'est pas recommandé de les **éviter** à quelqu'un. On lui **épargne** un effort, une contrariété, un ennui, etc.

EXACTION

L'Académie française nous rappelle que le nom **exaction**, qui remonte au latin **exactio** dérivé du verbe **exigere**, désigne l'action répréhensible d'un fonctionnaire peu scrupuleux qui, pour s'enrichir, **exige** de ses administrés plus qu'ils ne doivent. Que penserait-on d'un percepteur qui doublerait le montant des impôts des contribuables pour empocher la moitié de la somme versée par eux ? En tout état de cause, le nom **exaction** a un sens nettement défavorable et peut sans offenser la logique devenir dans certains cas synonyme de **vol**, voire de **pillage**. Cela étant, quelque puissant que soit l'attrait exercé par ce terme d'allure savante et distinguée, il est impropre de parler d'**exactions** à propos de viols, de meurtres, de massacres, qui sont autant d'**actions** abominables auxquelles le préfixe **ex-** ne saurait apporter aucune coloration particulière.

(S') EXCUSER

Même si des auteurs connus ont employé **s'excuser**, bien des gens n'apprécient pas du tout qu'on leur dise ou qu'on leur écrive : « Je **m'excuse**... », car ils estiment non sans raison que c'est à eux qu'il appartient d'**excuser**, s'ils le désirent, leur interlocuteur ou leur correspondant. Pour ne mécontenter personne, mieux vaut donc dire et écrire : **excusez-moi, veuillez m'excuser, je vous prie de m'excuser.**

FLEUVE

N'étant pas synonyme de **rivière**, le nom fleuve désigne un cours d'eau qui se jette dans la mer, quelle que soit sa longueur. Le Hudson River est un **fleuve**, la Sée est un **fleuve** côtier normand.

FORMIDABLE

D'après le sens d'origine de cet adjectif, **formidable** qualifie ce qui inspire **la peur** : un assaut **formidable**, un **formidable** raz de marée. Mais, à l'instar de l'anglais **terrific***, l'adjectif français **formidable** a connu un élargissement de sens pour devenir synonyme de **remarquable, sensationnel, impressionnant**. Il n'en est pas moins déconseillé de l'employer à tort et à travers, comme dans « un match **formidable** », « un acteur **formidable** ». La langue française ne nous fournit-elle pas un nombre suffisant d'adjectifs de substitution ?

GÂCHETTE

Surprenant : quand, dans un film en langue anglaise doublé en français, un acteur parle d'appuyer sur le « trigger », ce mot est le plus souvent traduit de façon incorrecte par « gâchette », alors qu'il s'agit de la **détente**, nom trop rarement employé par les auteurs de la version française. Y aurait-il donc une langue française à deux vitesses ? Point n'est pourtant besoin d'être un grand spécialiste pour savoir que, située à l'intérieur d'une arme à feu et, de ce fait, invisible, la **gâchette** a pour fonction d'en maintenir armée la pièce appelée chien. Pour faire feu, le tireur n'appuie donc pas sur la **gâchette**, mais sur la (queue de) **détente**, nom que porte la languette métallique servant à cet usage.

---

* Même remarque pour son synonyme **tremendous**.

HABITAT

L'Académie française a rappelé que ce nom n'est nullement interchangeable avec **habitation**, lequel a un sens nettement moins étendu : on change d'**habitation**, on construit de nouvelles **habitations**, mais on parle de l'**habitat** urbain ou rural, de l'**habitat** d'une espèce animale, etc. Quant au prétendu « habitat » d'une famille, c'est, en réalité, son **habitation**.

HOLLANDE

Le nom de **Hollande** ne s'applique, en réalité, qu'à deux provinces des Pays-Bas sur onze. Le pays limitrophe de la R.F.A. et de la Belgique est donc les **Pays-Bas**, terme qui traduit **Nederland**, naguère francisé en **Néerlande**, qui subsiste dans l'adjectif **néerlandais**, lequel n'est donc nullement synonyme de **hollandais**.

IGNORER

Vous n'êtes pas **sans manger** et vous n'êtes pas **sans savoir** signifient respectivement : vous **mangez** et vous **savez**. Quoi de plus clair ? Hélas, ignorant probablement cette évidence, les beaux esprits cherchant à faire de l'effet diront sur le ton le plus sérieux : « Vous n'êtes pas **sans ignorer** que la Corse est une île », qui signifie précisément le contraire ! C'est donc avec raison que l'Académie française a condamné cette fausse élégance dont raffolent ceux qui croiraient déchoir en s'exprimant avec simplicité.

IMPÉTRANT

Le verbe **impétrer** signifie « obtenir de l'autorité compétente ». Il en résulte que l'**impétrant** est celui qui **obtient** un titre, une charge, un diplôme, lequel pourra porter la « signature de l'**impétrant** ». Bien mal inspirés sont donc ceux qui, par erreur, emploient le nom **impétrant** dans le sens erroné de **candidat**, de **postulant**.

IMPORTANT

La fascination qu'exercent sur certains esprits des termes abstraits tel **important** aboutit à l'emploi totalement grotesque de cet adjectif dans le sens de **grand**. Croyant probablement déchoir en qualifiant sa cuisine de **grande**, une brave ménagère dira à sa voisine de palier qu'elle a une cuisine **importante**. Ce faux sens est si contagieux que, pour traduire cette phrase en anglais, maints élèves croiront bien faire en parlant en anglais d'« an **important** kitchen », ce qui est pour le moins cocasse ! Mais, pour tous ceux qui, par erreur, remplacent l'adjectif **important** par **conséquent**, il faut bien que le premier reprenne du service en se substituant à **grand**...

INDIFFÉRER

L'emploi de ce verbe est déconseillé. Plutôt que « cela m'**indiffère** », on dira de préférence « cela m'**est indifférent** ».

INGAMBE

S'imaginant peut-être que, dans cet adjectif, le préfixe **in**- a une fonction négative, certains croient qu'une personne ingambe est **privée** de l'usage de ses jambes. Or, il n'en est rien car, tiré de l'italien **in gamba**, signifiant « en jambe », l'adjectif **ingambe** s'applique à une personne qui a les **jambes lestes** : cet arrière-grand-père est étonnamment **ingambe** pour son âge.

INSTANCE

Ce nom peut avoir plusieurs acceptions. Il peut signifier une **sollicitation** pressante : espérons que vos **instances** réussiront à les émouvoir ; une **insistance** : nous vous le demandons avec **instance** ; la série d'actes d'une **procédure** dont est saisi un tribunal : nous allons introduire une **instance**.

C'est une impropriété que baptiser **instance** le tribunal de première instance, puis, par extension, la Cour de cassation, le Conseil de sécurité des Nations unies, etc. Certes, dans l'esprit de ceux qui l'emploient, le mot

instance fait riche et distingué ; mais il n'y a aucune raison de l'employer dans le sens usurpé de **tribunal**, d'**autorité**, d'**institution**.

JUBILER

C'est ironiquement que ce verbe est parfois employé par antiphrase pour dire familièrement **rager, être furieux** : « Quand il s'est aperçu qu'on lui avait volé son auto, tu parles s'il **jubilait** ! » Prenant ce type de phrase au pied de la lettre, certains s'imaginent bien à tort que le verbe **jubiler** traduit un vif **mécontentement,** alors qu'il signifie éprouver une **joie** très vive et appartient au langage familier.

KIDNAPPER

Naturalisé français, ce verbe anglais né aux États-Unis peut être remplacé sans aucun regret par **enlever** dans un contexte français. De leur côté, les **kidnappeurs** ne sont autres que des **ravisseurs**. Il ne faut pas employer ces deux termes quand des **objets** ont été volés ; on ne dira donc pas qu'une voiture et de la lingerie fine ont été **kidnappées.**

(A LA) LIMITE

Cette expression éculée exerce, elle aussi, une véritable fascination et il ne se passe guère de jour sans qu'on l'entende : « **A la limite**, on peut dire qu'il a bien mérité ce qui lui est arrivé. » Il semble qu'elle soit le plus souvent employée dans le sens de : **en mettant les choses au mieux** (ou **au pire**), **en envisageant le cas extrême.** Mais... **à la limite**, il est certain qu'on peut très bien s'en passer.

MALGRÉ QUE

Cette locution conjonctive étant contestée par certains, mieux vaut lui préférer **quoique**, en un seul mot, ou **bien que**.

MILLIONNAIRE, MILLIARDAIRE

Pour éviter toute confusion, il est indispensable de bien indiquer la **monnaie de référence** qui, en France, ne saurait être le centime ou ancien franc, termes qui, à la veille du XXIe siècle, ne devraient plus jamais être employés pour exprimer de grosses sommes : cette auto n'a pas coûté **six millions** de centimes, mais **soixante mille** francs.

MITIGÉ

a) Le verbe **mitiger** signifie **adoucir, atténuer, modérer** : « Veuillez **mitiger** votre ardeur ! »

b) Ressemblant vaguement à **mélanger**, avec lequel il rime tout en ayant la même consonne initiale, le verbe **mitiger** est trop souvent employé dans ce sens : des réactions **mitigées**, pour **diverses** ; un compte rendu **mitigé**, pour **varié**. Ce glissement de sens ne semble pas s'imposer.

NAGUÈRE

Contraction de **il n'y a guère**, l'adverbe **naguère** doit s'employer dans le sens de : **il y a peu de temps, à une époque relativement récente**. Il n'est donc pas synonyme d'**autrefois** ou de **jadis**, lequel remonte au vieux français **ja a dis**, signifiant **il y a des jours** ou, en d'autres termes, **il y a longtemps, à une époque ancienne**.

On dira donc : **naguère**, on ne connaissait que la navigation à voile, et : **jadis**, les grands envahisseurs ravageaient des régions entières.

NON-VOYANT

Se substituant bien inutilement à **aveugle**, du latin **ab oculis**, signifiant **privé d'yeux**, le mot **non-voyant**, de création relativement récente, progresse à pas de géant.

PAR CONTRE

Certains contestent l'emploi généralisé de cette locution, qui appartient au style commercial. Pour n'encourir aucun reproche, il est toujours possible de la remplacer par **mais, en revanche, inversement, au contraire, d'un autre côté**. Ici encore, le choix est suffisamment varié.

PAS ÉVIDENT

« Battre le record de France ? **C'est pas évident !** » Depuis quelques années, cette expression — privée de la négation **ne** — connaît un succès éclatant. Si l'on peut dire à bon escient qu'il n'est **pas évident** qu'un billet de cent francs soit l'œuvre de faussaires, il est absurde de dire, par exemple, qu'un succès à un concours difficile n'est **pas évident**. Ce succès, à vrai dire, n'est **pas chose aisée**. Mieux vaut encore dire, dans le langage populaire : « Ça n'est **pas dans la poche**. »

PIED

Comme le rappelle le Petit Robert, un **pied** est une « unité rythmique constituée par un **groupement de syllabes** ». Et ce dictionnaire ajoute : « En français, on ne doit pas parler des **pieds**, mais des **syllabes** d'un vers. » Pour s'en convaincre, il suffit de constater qu'un alexandrin est un **dodécasyllabe** et non un « dodécapode ». De la même façon, il y a en poésie des **octosyllabes**, mais point d'**octopodes**, qui ne sont pas des vers, mais des... mollusques céphalopodes !

PIÉTON, PIÉTONNIER

Le Grand Larousse de la langue française cite l'adjectif **piéton**, donnant comme exemples : sentier **piéton**, rue **piétonne**, porte **piétonne**, entrée **piétonne**. Parmi les auteurs qui l'ont employé, il cite Victor Hugo et Jean de La Varende, et qualifie de « familier » l'adjectif **piétonnier**, qui ne fit son apparition qu'en 1967. Pourquoi s'encombrer de cet adjectif de trois syllabes quand les deux syllabes de **piéton** font aussi bien l'affaire ?

PING-PONG

L'appellation officielle de ce jeu est **tennis de table**.

Mais il n'en reste pas moins qu'un joueur de tennis de table porte le nom de **pongiste**.

PLEIN DE

Jusqu'à ces dernières années, l'expression **plein de*** était réservé au langage enfantin : « J'ai eu **plein d'**joujoux à Noël. » Or, depuis le début des années quatre-vingt, innombrables sont les adultes qui croient intelligent de remplacer **beaucoup de** par **plein de** et de dire, par exemple : « J'ai vu **plein de** gens dans les magasins : certains d'entre eux avaient **plein d'**argent à dépenser. » Il est plus aisé de constater le succès de cette tournure que de l'expliquer.

POLYGAMIE

Un **polygame** est un homme qui possède **au moins deux épouses** ; il se trouve en état de **polygamie**. Une femme qui a plus d'un époux ne saurait être qualifiée de **polygame**, mais de **polyandre**, mot sur lequel a été formé **polyandrie**. Exemple : la **polygamie** n'existe plus chez les Mormons, mais la **polyandrie** est encore fréquente chez les Tibétains.

PROMETTRE

Ne pas dire : « Je te **promets** que je l'ai vu », mais : « Je t'**assure** que je l'ai vu. » Le verbe **promettre** est suivi d'un futur ou d'un infinitif.

PURISTE

Ce terme qui, en matière d'écologie, serait plutôt élogieux, prend souvent une coloration péjorative quand il est question de langage et il arrive qu'il soit presque lancé comme une injure à la face de ceux qui s'opposent à juste titre au massacre du français. Bien souvent, **puriste** est un qualificatif désobligeant dont un grammairien qui condamne cent fautes de langage, mais en tolère une cent

---

* *Cf.* l'anglais **plenty of**.

unième affuble un autre grammairien qui condamne cette cent unième faute : on est toujours le puriste de quelqu'un.

QUARTERON

Vous voulez parler de **quatre** escrocs ? Eh bien, faites-le et dites tout bonnement **quatre** escrocs ou, pour faire plus distingué, un **quatuor** d'escrocs. Mais ce serait trop simple. Les gens qui sont toujours à la recherche d'un effet parleront de préférence d'un **quarteron** d'escrocs, sans savoir que cette unité de mesure, connue du monde paysan, désigne le quart d'un cent, soit **vingt-cinq** et, dans certaines régions, le quart d'une grosse, soit **trois douzaines** : acheter un **quarteron** de noix.

QUICONQUE

On ne saurait prétendre que, contenant trois fois le son « k », le pronom relatif indéfini **quiconque** (prononcé **kikonk**) soit des plus harmonieux. Il n'en bénéficie pas moins d'un indubitable prestige et bien des gens, pour faire « intellectuel », diront volontiers d'un orateur qu'il s'exprime mieux que **quiconque**, au lieu de... mieux que **personne**. Or, en bonne logique, et selon l'Académie française, ce mot si recherché par certains ne devrait être employé que comme **sujet** d'un verbe dans le sens de **toute personne qui**. Exemple : **quiconque** frappera par l'épée périra par l'épée.

RENTRER

Comment un brillant étudiant peut-il déclarer fièrement qu'il vient de **rentrer** à Polytechnique alors que, n'en ayant jamais été expulsé, il vient tout simplement d'y **entrer**, vu que c'était la première fois qu'il y accédait ? Des cambrioleurs qui **rentrent** dans un appartement (pour la deuxième ou troisième fois ?) y auraient-ils donc fait au moins une visite de reconnaissance pour mieux réussir leur coup ? Enfin, comment un remplaçant pourrait-il

rentrer sur un terrain de rugby où il n'a encore jamais mis les pieds ?

Aujourd'hui, pour une raison mystérieuse, le verbe **entrer** a presque complètement disparu de la conversation courante pour être remplacé par **rentrer**, qui signifie « entrer une nouvelle fois ». Cet emploi du verbe **rentrer** pour **entrer** est à la fois un vulgarisme et une impropriété. Un enfant **entre** à l'école à l'âge de six ans ; il y **rentrera** après les grandes vacances, le jour de la **rentrée** des classes. Point n'est besoin d'être « puriste » pour essayer de faire renaître de ses cendres le verbe **entrer**.

RÉTICENT

Étymologiquement, cet adjectif très en vogue se rattache au verbe **taire**, du latin **tacere**. Il en résulte qu'un individu suspect est **réticent** quand il refuse de dire tout ce qu'il sait. En raison d'un glissement de sens peut-être dû au fait que **réticent** se présente un peu comme le télescopage des adjectifs **rétif** et **récalcitrant**, nombreux sont ceux qui l'emploient à tort dans ces deux derniers sens, allant jusqu'à parler d'un muet **réticent**, d'un cheval **réticent**...

RISQUER

Ce verbe annonce une conséquence **fâcheuse** ou **funeste** : on **risque** de tomber, d'échouer, de perdre, de se tuer. Il est donc impropre de dire qu'on **risque** de réussir, de triompher, de gagner une bataille. Dans ces trois derniers cas, on **a des chances** de réussir, de triompher, de gagner. La nuance est de taille.

RIVIÈRE

Contrairement à un fleuve, une **rivière** se jette dans un autre cours d'eau ; c'est donc toujours un **affluent**. Malgré sa longueur, le Missouri, affluent du Mississippi, est une rivière.

RUSSIE

La **Russie** n'était qu'une des composantes — au demeurant la plus importante — de l'**U.R.S.S.** Les deux mots ne sont donc pas interchangeables. De la même façon, tout Soviétique n'était pas un Russe.

SANCTIONNER

Ce verbe a pour sens **approuver**, **confirmer** : « Cette décision a été **sanctionnée** en haut lieu, ce néologisme a été **sanctionné** par l'usage ». On risque de créer une équivoque en faisant de **sanctionner** un terme ambivalent également employé dans le sens d'**infliger des sanctions**, c'est-à-dire **punir**, **pénaliser**, deux verbes qui peuvent faire tout aussi bien l'affaire.

SECOND

a) Dans ce mot comme dans ses dérivés, le « **c** » se prononce « **g** » ; la seconde syllabe de second est donc homophone de **gond**.

b) Certes, l'adjectif **second** est synonyme de **deuxième**. Cela dit, on introduit une nuance et une précision utiles en employant **second** quand la numération s'arrête à deux et **deuxième** dans le cas contraire. Ainsi, en parlant du **second** étage d'une maison et du **second** enfant d'une personne, on indique clairement que cette maison n'a que **deux** étages et que cette personne n'a que **deux** enfants. Bien entendu, on parlera du **deuxième** étage d'un gratte-ciel et du **deuxième** mari d'Elizabeth Taylor. Mieux vaut donc parler de la **Seconde** Guerre mondiale.

c) La classe de **seconde** d'un lycée est ainsi nommée en considérant que la seconde, la première et les classes terminales (baccalauréat) constituent un tout : le **second cycle** de l'enseignement secondaire.

SIGLE

Un sigle est une lettre **initiale** ou un groupe de lettres **initiales** constituant l'abréviation de mots fréquemment employés : **S.N.C.F.**, **R.A.T.P.**, etc. Par une étrange aberration, un **logo** (ou logotype) ne contenant aucune initiale est indûment baptisé **sigle**.

SOI-DISANT

a) L'adjectif **soi-disant** est invariable : une **soi-disant** institutrice, de **soi-disant** ingénieurs.

b) L'Académie française a rappelé que l'adjectif **soi-disant** ne peut s'appliquer qu'à un **être humain** se **disant** tel : un **soi-disant** génie, les **soi-disant** étudiants, de **soi-disant** infirmières. On ne peut donc parler ni d'un **soi-disant** chef-d'œuvre, ni d'un **soi-disant** meurtrier qui se déclare innocent. On dira donc : un **prétendu** chef-d'œuvre, un **prétendu** meurtrier qui déclare n'avoir tué personne.

SOLUTION DE CONTINUITÉ

Cette expression trompeuse a le sens de **coupure**, d'**interruption** ; elle signifie donc le contraire de continuité ; il y a **solution de continuité** dans un feuilleton dont un important chapitre a été sauté.

TIRER LES MARRONS DU FEU

Cette expression ne signifie nullement **tirer profit** mais se dépenser **au profit d'autrui** comme celui qui tire les marrons du feu au risque de se brûler les doigts alors qu'ils seront croqués par un autre que lui. Il est donc erroné de dire : « J'ai mené toute la course et c'est toi qui, en me doublant sur le fil, as **tiré les marrons du feu**. »

TIRER SON ÉPINGLE DU JEU

Employée dans le sens de **se tirer adroitement** d'une affaire délicate, cette expression fait en réalité allusion à un ancien jeu qu'un joueur pouvait à tout moment abandonner en retirant son épingle. Du sens d'abandonner la partie, on en est arrivé, par une extension quelque peu abusive, à celui de se tirer habilement d'affaire.

TOMBER EN QUENOUILLE

Cette quenouille est une allusion aux femmes aux mains desquelles tombe une succession : la loi salique empêchait que le royaume de France ne tombât en quenouille. C'est à tort que certaines personnes s'imaginent que cette expression signifie **s'effilocher** pris au sens figuré.

« VÉCÉS »

L'anglais **water-closet**, abrégé en « W.C. », est le plus souvent remplacé par **toilet**, qui a pour équivalent français « les toilettes ». Cela n'empêche pas des millions de Français d'employer le sigle anglais **W.C.** mais en prononçant la première lettre à... l'allemande, ce qui donne « vécés ». Or, en France, cette consonne fort peu répandue ne s'appelle pas « vé », mais **double** vé ». N'est-il donc pas possible d'éliminer ces **vécés** ni français, ni même anglais pour les remplacer par les « toilettes » ?

Appendice

Voici un exemple digne d'occuper une place à part et de conclure comme il convient cette longue liste. Arrivé en classe avec quelques minutes de retard, un lycéen explique à son professeur : « J'ai eu des **problèmes au niveau** de mon vélomoteur. » Voici la traduction française de ce charabia prétentieux : « J'ai eu des **ennuis** de vélomoteur. »

3°) *Récapitulation :* *du français simple et direct* *au « néo-français »*

Il ne faut tout de même pas oublier qu'il y a dans le monde, réparties sur trois continents, une trentaine de nations francophones qui sont loin d'avoir adopté le « néo-français » sévissant dans notre hexagone au détriment d'un langage simple et direct où les mots ne sont ni détournés de leur véritable sens ni employés à tort et à travers.

« NÉO-FRANÇAIS »	TRADUCTION EN CLAIR...
absolument !	**oui !**
achalandé (en marchandises)	**approvisionné** (en marchandises)
alternative (l'autre)	**solution** (l'autre)
amener un objet	**apporter** un objet
amodier un projet	**modifier** un projet
un **authentique** champion	un **vrai** champion
un climat **bénéfique**	**un climat bienfaisant**
circonscrire un incendie	**éteindre** un incendie
clôturer la séance	**clore** la séance
commémorer un anniversaire	**célébrer** un anniversaire
comporter deux tiroirs	**contenir, compter** deux tiroirs
conséquent (événement)	**important** (événement)
convoler en juste noces	**se marier**
débuter, démarrer un match	**commencer, entamer** un match
décade	**dix ans, décennie**
de suite (immédiatement)	**tout de suite**
effacer le tableau noir	**essuyer** le tableau noir
émérite (un musicien)	**éminent** (un musicien)
émotionner	**émouvoir**
encourir un danger, un risque	**courir** un danger, un risque
errements	**erreurs**
exactions	**méfaits, forfaits, crimes**
excessivement gentil	**très** gentil
gâchette (appuyer sur la)	**détente** (appuyer sur la)
habitat d'une famille	**habitation** d'une famille
ignorer (n'être pas sans)	**savoir** (n'être pas sans)
impeccable (un travail)	**parfait, irréprochable**
impétrant (candidat)	**postulant**
important (meuble)	**grand, volumineux**
instances (dirigeantes)	**autorités, institutions**
intéressant* (pas cher)	**bon marché**

* Encore plus distingué est « un excellent rapport qualité prix » !

« NÉO-FRANÇAIS »	TRADUCTION EN CLAIR...
intervenir (événement)	**survenir** (événement)
malentendant	**dur d'oreille**
mappemonde (sphérique !)	**globe** terrestre
mitigé	**varié**
nominé*	**sélectionné**
non-voyant	**aveugle**
opportunité	**occasion**
pas évident (c'est...)	**pas gagné d'avance** (ce n'est)
péripétie (une simple...)	**incident mineur**
pied de vers français	**syllabe**
plein de monde	**beaucoup** de monde
promettre (que c'est vrai)	**assurer** (que c'est vrai)
quarteron	**quatre, quatuor**
quiconque (mieux que...)	**personne** (mieux que...)
récupérer (le bien d'autrui)	**s'emparer** (du bien d'autrui)
rentrer (la première fois)	**entrer** (la première fois)
réticent	**rétif, récalcitrant**
sanctionner une faute	**pénaliser** une faute
sensibilité politique	**tendance** politique
sigle	**logo, logotype**
soi-disant (un ... muet)	**prétendu** (un ... muet)
solutionner	**résoudre**
sophistiqué (mécanisme)	**complexe** (mécanisme)
tirer les marrons du feu	**tirer profit**
vécés	**toilettes**

* Voir page 48.

REMARQUE IMPORTANTE. On notera que la plupart des mots fort « distingués » de la colonne de gauche ne correspondent pas à un irrésistible usage « populaire » mais appartiennent au langage recherché et « endimanché » des beaux esprits qui, pour prouver qu'ils ont fait des études souvent prolongées, croiraient déchoir en s'exprimant comme le commun des mortels en disant, par exemple : « Vous **savez** que... » au lieu de ce stupide : « Vous **n'êtes pas sans ignorer** que... »

DU « FRANGLAIS » INSOUPÇONNÉ...

Bien des gens se plaignent de l'emploi trop fréquent de mots anglais envahissants dans un contexte français sans toutefois hésiter à qualifier paradoxalement de « docker » un **débardeur** bien de chez nous ou de « handicapé » (du franglais **handicap**) un enfant **inadapté**, ni se douter un seul instant que des noms aussi couramment utilisés que **détective, humour, panorama, paquebot, rail, redingote, sentimental, sinécure, tourisme, vote,** etc. ont été importés d'Angleterre.

Bien mieux, les Nippons ont spontanément adopté et « naturalisé » japonais les mots anglais signifiant **fourchette, cuiller, couteau, verre, lait, beurre, bouton, épingle, allumette, pneu** et quantité d'autres.

Enfin, infiniment plus nombreux que nos mots « franglais » sont ceux que les Britanniques nous ont empruntés tels quels dans les domaines les plus divers, comme **art, port, rose, melon, grain, mule, serpent, avenue, boulevard, restaurant, menu, sauce, biscuit, prison, ambulance, morgue, aileron, fuselage, sabotage, danger, surprise, opinion, multitude** et des milliers d'autres.

Cela dit, une connaissance insuffisante de leur langue maternelle a conduit maints traducteurs français à reproduire tels quels dans un contexte français des mots anglais d'allure bien française. En voici de nombreux exemples :

ACHÈVEMENT
Fausse traduction de l'anglais **achievement** signifiant **réalisation**.

ADMINISTRATION

« The Republican **administration** » n'est pas « l'**administration** républicaine », mais le **gouvernement** républicain.

ALTERNATIVE

En français, une **alternative** offre le choix entre deux solutions alors que le nom anglais **alternative** peut désigner la seconde de ces solutions. C'est pourquoi il est incorrect de dire « l'autre **alternative** » quand il s'agit du **second terme** de cette dernière.

APPROCHE

Calque servile de l'anglais **approach**, le nom français **approche** désigne abusivement une **manière d'aborder** ou de **résoudre** une question ou un problème.

ATTACHÉ-CASE

Le premier élément de ce nom anglais étant de toute évidence emprunté au français, l'appellation **attaché-case** a réussi à détrôner **mallette** et **porte-documents** depuis quelques lustres.

AUTODÉTERMINATION

Ce mot est directement inspiré par l'anglais **self-determination** dont l'équivalent français n'est autre que le **droit des peuples à disposer d'eux-mêmes**.

BALANCE

Quand ce nom anglais d'origine française signifie **équilibre**, ce n'est pas le traduire que le rendre par **balance** dans un contexte français.

BLOC

C'est là une « traduction » servile de l'anglais **block** quand il a le sens de **pâté de maisons**.

BUS

Ce nom anglais désigne aussi bien un **autobus** circulant en ville qu'un **autocar** effectuant des parcours plus longs de ville à ville. Dans ce second cas, ceux qui croient pouvoir le rendre en français par **bus** ou **autobus** commettent une erreur.

CARAVANE

Pendant des siècles, ce nom a désigné en français un groupe de gens traversant le désert, le plus souvent avec des chameaux. Mais il a suffi que, peut-être sous l'influence des mots **car** et **van** désignant chacun un véhicule, l'anglais fît de **caravan** une **roulotte** pour que le français **caravane** usurpât ce second sens après la dernière guerre. Ceux qui craignent que le nom **roulotte** ne les assimile à des bohémiens peuvent toujours dire **remorque habitable** ou **remorque de tourisme**.

CHALLENGE

Employé jusqu'alors en français dans une acception sportive, le mot anglais **challenge** n'est que trop souvent utilisé pour désigner un **défi**, une **gageure**, une **entreprise difficile** dans laquelle on s'engage pour relever un défi.

CHOQUER

Pendant de longues années, le verbe français **choquer** a surtout été employé, tout comme l'anglais **to shock**, dans le sens d'**offusquer** : l'hypocrite Tartuffe se prétendait **choqué** par la nudité d'un sein. Mais ce même verbe anglais peut aussi signifier **atterrer**, **bouleverser**, **traumatiser**. Il a donc suffi que, relatant le 22 novembre 1963 l'assassinat à Dallas du président américain J.F. Kennedy, un reporter de la télévision française annonçât à son vaste public que le peuple américain avait été très « choqué » par cet événement pour que ce mot fût de plus en plus employé dans ce faux sens, qui en fait indûment le synonyme de **traumatisé**, ce qui, dans bien des cas, peut créer une fâcheuse équivoque.

COMPÉTITION

Toutes les fois que le mot anglais **competition** peut se

traduire par **rivalité** ou **concurrence**, nos traducteurs n'ont aucune raison de le rendre paresseusement par **compétition**.

CONTRÔLE

Le mot anglais **control** implique l'exercice d'une **autorité**, tandis que le français **contrôle** désigne une **vérification** administrative ou un examen minutieux. Sachant que le verbe anglais **to control** signifie le plus souvent **commander, diriger, maîtriser**, il est normal qu'à l'anglais **control desk, control wire, remote control** et **self-control** correspondent respectivement **table des commandes, câble des commandes, télécommande** et **maîtrise de soi**. Il en résulte qu'il est faux de traduire l'anglais **birth control** par « contrôle des naissances ». Il s'agit à vrai dire d'une **limitation** ou **régulation des naissances**, en deux mots d'une **natalité dirigée**, car le véritable **contrôle** des naissances est effectué par les services de l'état civil et n'a rien à voir avec leur limitation. Enfin, ce que nous appelons abusivement une **tour de contrôle** est en réalité une **tour de régulation**.

CONVENTION

Traduire **the Republican Convention** par la « convention républicaine » revient à calquer servilement l'anglais, car on parle en français du **congrès** d'un parti politique. Et si cette « convention » anglaise rassemble des « veterans » également anglais, l'absurde « convention de vétérans » cédera la place à un **congrès d'anciens combattants**.

CONVENTIONNEL

Traduction (?) servile de l'anglais **conventional**, cet adjectif est souvent employé à tort pour qualifier un armement **traditionnel** ou **de type classique**.

COPIE

Quand il désigne un **exemplaire**, le nom anglais **copy**

ne saurait être rendu paresseusement par le français **copie**.

CRACHER

C'est ce que peut croire entendre un Français quand on annonce qu'un avion a dû « se crasher », francisation du verbe anglais **to crash** alors que, train rentré, il a dû faire un **atterrissage de fortune** ou qu'il s'est **écrasé** au sol.

DÉCADE

Étymologiquement, ce terme, dérivé du latin **decas**, **decadis**, désigne une **dizaine** quelconque. Quand ils l'emploient comme unité de temps, les anglophones donnent à **decade** le sens d'une période de dix ans. Mais, en français, le mot **décade** s'est depuis longtemps spécialisé dans le sens de période de **dix jours** : les **décades** du calendrier révolutionnaire, les **décades** de tabac sous l'occupation allemande (1940-1944), les **décades** dont parle le météorologue. Enfin, l'adjectif **décadaire** s'applique à une période de **dix jours**, comme le prouvent les « relevés **décadaires** » et les « totaux **décadaires** » des Contributions directes.

Il n'y a donc aucune raison de dire qu'à peine plus de **deux décades** se sont écoulées entre les deux guerres mondiales. Il est plus simple et plus correct de dire « un peu plus de **vingt ans** ». Comme le précise l'Académie française, une période de **dix ans** n'est pas une **décade** mais une **décennie**, nom qui a donné naissance à l'adjectif **décennal**, formé à l'image de **triennal**, **quinquennal**, etc.

DÉCEPTION

Il y a belle lurette que ce mot n'est plus employé en France dans le sens de **tromperie, duperie** ou **supercherie**, mais dans celui de **désappointement**, ce dernier pouvant d'ailleurs résulter des trois autres, qui portent en anglais le nom de **deception**, utilisé notamment dans le domaine militaire quand il s'agit de **tromper** l'ennemi.

On ne traduit donc pas correctement l'anglais **deception** en le rendant paresseusement par « déception ».

DÉODORANT

L'anglais **deodorant** doit être rendu par le français **désodorisant**.

DÉPARTEMENT

Depuis déjà deux siècles, le nom **département** est surtout employé en France pour désigner les divisions territoriales regroupant chacune plusieurs arrondissements. Or, sous l'influence de l'anglais **department**, on n'a que trop tendance à baptiser **département** — mot « majestueux » de quatre syllabes ! — ce qui, en réalité, est un **service** ou un **bureau** dans un ministère, une mairie, une entreprise.

DÉVELOPPEMENT

Traduire par **développement** le mot anglais **development** est à la portée de tout un chacun. Mais il faut savoir que ce dernier peut aussi signifier **exploitation**, **mise en valeur**, **amélioration**, **extension**, **évolution**, sans parler de **travaux d'urbanisme**, etc. Une véritable traduction exige donc l'emploi du terme adéquat.

DOCTEUR

L'anglais **doctor** étant l'équivalent du mot français **médecin**, ce dernier devient souvent le **docteur** sous la plume de traducteurs négligents. Il n'en est pas moins préférable de dire qu'on va voir le **médecin** et de savoir que **docteur** est le titre qu'on lui donne en s'adressant à lui.

DRASTIQUE

Sous l'influence de l'anglais **drastic** « traduit » tel quel, **drastique** apparaît de plus en plus souvent dans un contexte français. Or, pourquoi dire que des mesures sont **drastiques** quand on peut les qualifier d'**énergiques** ou de **rigoureuses** ? Il est aussi possible de dire en bon français qu'on a **tranché dans le vif**.

ÉDUCATION

Dans la plupart des cas, le nom anglais **education** est employé dans le sens bien précis d'**instruction** et, d'un ignorant, on dira : « He has no **education** » alors que, en français, le manque d'**éducation** équivaut à un manque de **savoir-vivre**. Il en résulte que parler d'« éducation » quand il est question d'**instruction** constitue un contre-sens et que notre ministère de l'**Éducation** n'est autre que le ministère de l'**Enseignement**.

EN CHARGE

Être **en charge de**... est le calque intégral de l'anglais « to be **in charge of**... », qu'il faut traduire par **commander, avoir la direction de**, être **préposé à**.

ÉTÉ INDIEN

Ce pseudo-équivalent de l'anglais **Indian summer**, surtout employé aux États-Unis, fut introduit en France par le chanteur Joe Dassin. Il désigne une période de temps doux ou chaud qui se produit vers la fin de l'automne ou le début de l'hiver. La traduction française de cet **Indian summer** n'est autre que l'**été de la Saint-Martin**, laquelle tombe le **11 novembre**. Ignorant à la fois cette appellation et cette date, trop nombreux sont ceux qui, tant à la radio qu'à la télévision françaises, nous parlent d'**été indien** à tort et à travers, même à la fin du mois de septembre, alors qu'il s'agit tout simplement d'un été qui se prolonge.

ÊTRE CONFORTABLE

Si un fauteuil peut être **confortable**, on ne saurait dire d'une personne qu'elle est **confortable**, mais qu'elle est **à son aise** ou **confortablement installée**. La stupide question : « Êtes-vous **confortable** ? » n'est qu'un calque servile de l'anglais « Are you **comfortable** ? ». Les responsables de cette faute grossière sont notamment les mauvais traducteurs et ceux qui ne savent pas doubler correctement un film en langue anglaise.

ÉVIDENCE

Quand le mot anglais **evidence** signifie **preuve** ou **témoignage**, la solution de facilité consistant à le rendre en français par **évidence** est à rejeter.

EXHAUSTIF

Cet adjectif doit probablement sa vogue à des traducteurs qui, pour fournir l'équivalent français de l'anglais **exhaustive**, ne cherchent pas à voir plus loin que le bout de leur nez, bien que notre langue leur fournisse entre autres : **complet**, **approfondi**, **vaste**, **étendu**, voire **à fond**.

FACILITÉS

Il est inacceptable de « traduire » l'anglais **facilities** par **facilités** quand il s'agit, entre autres, d'**installations** ou d'**aménagements**.

FUTUR

Si l'on dit en anglais : **in the future**, rien ne nous oblige à employer l'expression « dans le **futur** » quand il est si facile de dire en bon français **à l'avenir**.

INAUGURATION

Si, tous les quatre ans, les Américains parlent de l'**inauguration** de leur président, nous ne devons pas employer en français le mot **inauguration**, qui sera avantageusement remplacé par **entrée en fonctions**.

INFORMATION

L'anglais **information** à valeur de pluriel gagnerait à être traduit non pas par « informations », mais par **renseignements**.

INFORMEL

Jusqu'alors, l'adjectif français **informel** qualifiait une forme de **peinture** non figurative. Mais on a mis bon ordre à tout cela quand des traducteurs peu inspirés ont rendu l'anglais **informal** tout simplement par **informel** au lieu de véritablement le traduire en français par **officieux, non officiel, dans l'intimité, en petit comité, improvisé**, pour ne pas dire **à la bonne franquette**.

INGÉNIEUR DU SON

Il est faux de traduire dans tous les cas l'anglais **engineer** par le français **ingénieur**, auquel il ressemble fort. C'est ainsi que le **sound engineer** est plutôt un **technicien du son**.

INITIER

Le verbe anglais **to initiate** signifiant aussi bien **commencer** qu'**initier**, il arrive souvent qu'il soit stupidement employé dans le premier sens ; d'où : « les travaux ont été **initiés** », au lieu d'**entamés**.

(LE) JOUR SUIVANT

Cette traduction littérale de l'anglais **the next day** gagnerait à être remplacée par **le lendemain**, qui tend malheureusement à disparaître.

MAJEUR

L'adjectif anglais **major** est trop souvent traduit littéralement par « majeur » quand il conviendrait de dire **de première importance**.

(LE) MATIN SUIVANT

Tout comme l'anglais **the next day** est paresseusement rendu par « le jour suivant », l'expression maladroite « le matin suivant » tend de plus en plus à éclipser **le lendemain matin**, ce qui est bien dommage.

MÉGAPHONE

Sous l'influence de l'anglais **megaphone**, formé de deux éléments empruntés au grec, notre bon vieux **porte-**

voix a été remplacé par **mégaphone**, substitution qui ne s'imposait pas du tout.

MILE OU MILLE

Selon le contexte, le nom **mille**, désignant une unité de longueur, peut s'appliquer à l'ancien **mille romain** (1 480 mètres), au **mille anglais** (statute mile, 1 609 mètres) ou au **mille nautique** (1 852 mètres). Ce dernier étant une unité internationale et non uniquement anglaise, on dira en bon français qu'un naufrage s'est produit à vingt **milles** de nos côtes et non pas à vingt « miles » (prononcé « **mailz** » à l'anglaise). Cet étalage de fausse érudition est aussi déplacé qu'exaspérant.

MOYEN-ORIENT

L'Académie française a rappelé que ce calque servile de l'anglais **Middle East** est impropre pour désigner les pays riverains ou voisins de la partie orientale de la Méditerranée, comme Israël ou le Liban. C'est le terme **Proche-Orient** qu'il convient d'employer. On dit également le **Levant**.

NOMINÉ

En 1980, participant en France à l'attribution des « Césars », l'actrice autrichienne Romy Schneider, ne trouvant pas le mot français désignant les **sélectionnés**, crut bien faire en francisant le nom anglais **nominee** sous la forme de **nominé**, ce qui, de la part d'une étrangère, était bien excusable. Moins excusables qu'elle sont les snobs et autres beaux esprits de nationalité française qui croient intelligent d'employer cet indéfendable **nominé** quand le mot **sélectionné** (ou **présélectionné**) ferait aussi bien l'affaire, car s'il existe en français un verbe **nommer**, on ne saurait en dire autant du pseudo-verbe « nominer », dont le participe passé « nominé » a été justement refusé par l'Académie française, vu qu'il n'a pas sa raison d'être dans notre langue.

OPPORTUNITÉ

C'est sous l'influence de l'anglais **opportunity** que le nom français **opportunité**, si majestueux avec ses cinq syllabes, est si souvent préféré à **occasion**, dont il a le sens.

PARTITION

L'Académie française nous a opportunément rappelé que, en parlant d'un pays, d'un territoire, le nom **partition**, emprunté à l'anglais, est un doublet inutile de **partage**.

En ancien français, le verbe **partir** avait plusieurs sens distincts, dont celui de **partager**, qui a survécu dans l'expression « avoir maille à **partir** », signifiant littéralement avoir à **partager** une insignifiante pièce de cuivre appelée **maille**, doublet de **médaille**, que l'on retrouve dans la **cachemaille** des Marseillais, qui est leur tirelire.

Ainsi, le nom **partition** eut, dès le XIIᵉ siècle, le sens de **partage**, qu'il perdit au XVIIIᵉ siècle, puisque le verbe **partir** ne signifiait plus **partager**. Qui songerait aujourd'hui à procéder à la « partition » d'une galette des rois ? Normalement, le mot **partition** n'est utilisé en français moderne que dans les domaines de la musique, des mathématiques et de l'héraldique, quand il s'agit de la division du corps d'un blason appelé écu. Ainsi, nul ne parle jamais de la **partition** de l'empire de Charlemagne, ni des **partitions** successives de la Pologne.

Les anglophones, quant à eux, emploient toujours le mot français **partition** dans son ancien sens de **partage** et dans celui de **cloison**. Ils disent donc « the **partition** of India ». Or, dès 1921, à l'occasion du découpage de l'Irlande, et surtout en 1947, lors du démembrement de l'empire des Indes, des journaux français parlèrent de la **partition** de ces deux pays sans traduire le terme anglais par un mot français plus familier. De la même façon, nos journaux imprimaient en 1938 l'**Anschluss**, au lieu de l'**annexion** de l'Autriche.

Par conséquent, le nom **partition** est, dans ce cas particulier, du « franglais » pur et simple en dépit de son aspect bien français. En tout état de cause, il n'enrichit pas la langue française, qui possède déjà **partage, division, découpage** et **démembrement**. A ces quatre mots, point n'est besoin d'ajouter un cinquième qui, bien que d'origine française, n'en est pas moins d'importation étrangère.

PÉTROLE

L'anglais **petrol** ne désigne pas du **pétrole**, mais de l'**essence**, ce qui n'empêche pas que, dans le langage familier des aviateurs, le français **pétrole** soit souvent employé dans le sens de **carburant**, qui n'est pourtant pas le sien.

PRATIQUEMENT

Traduction servile de l'anglais **practically**, qui signifie le plus souvent **presque, à peu près, pour ainsi dire, de fait**, notre adverbe **pratiquement** veut dire **dans la pratique** et ne devrait donc pas être considéré comme synonyme des différents sens de **practically**, avec lesquels il n'est donc pas interchangeable.

PROMPTEUR

Reproduction littérale de l'anglais **prompter** désignant un **souffleur**, le néologisme **prompteur**, qui n'est pas de bon aloi, devrait être remplacé par **télésouffleur**.

(À) QUOI RESSEMBLE... ?

A la question : « A **qui** ressemble-t-il ? » signifiant « A **quelle personne** ressemble-t-il ? », on répondra par exemple qu'il ressemble à son père ou à son frère jumeau. Et, pour autant que les mots français ont un sens, la question : « A **quoi** ressemble-t-il ? » revient à dire « **A quelle chose** ressemble-t-il ? », à quoi on pourra toujours répondre qu'il ressemble à une barrique ou à un poteau télégraphique... Cet absurde « **A quoi** ressemble-t-il ? » est, à vrai dire, un calque stupide de l'anglais « **What** does he look like ? » mal traduit en français par les auteurs de versions françaises de films en langue anglaise qui par mégarde ont oublié que, dans notre langue, on demande tout simplement : « **Comment est-il ?** », question qui attirera une réponse telle que : « Il est grand... petit... brun... blond... » Il serait temps que ceux qui demandent sans hésitation : « A quoi ressemble-t-il ? » se rendent compte de l'absurdité de ce genre de question qui est, à vrai dire, de l'anglais et non du français.

RÉALISER

Largement emprunté au verbe anglais **to realize**, le français **réaliser** pourrait, dans la plupart des cas, être avantageusement remplacé par **comprendre, se rendre compte de, mesurer l'importance de**.

RÉSERVATION

Était-il vraiment nécessaire que, sous l'influence du nom anglais **reservation**, le nom français **réservation** remplaçât **location** dans la mesure où, depuis longtemps, nos compatriotes étaient habitués à **louer** des places ou à les retenir ?

RESPECTABILITÉ

Directement emprunté à l'anglais **respectability**, le français **respectabilité** pourrait être de toute façon remplacé par **honorabilité** et, dans certains cas, par un **air respectable**.

ROMANCE

Dans tous les cas où l'anglais **romance** désigne une **idylle**, une **intrigue amoureuse**, une **histoire sentimentale**, il est absurde de le rendre servilement en français par **romance**, mot qui, chez nous, représente un petit chant du genre sentimental nommé **ballade**.

SAUVAGE

Sous l'influence de l'adjectif anglais **wild**, forme abrégée

de **wild-cat** (chat sauvage), le français **sauvage** en est venu
à qualifier une grève qui est, à vrai dire, **spontanée**.

SÉMINAIRE

Jusqu'alors, un **séminaire** était un établissement religieux fréquenté par des jeunes gens appelés **séminaristes**
qui se préparaient à un sacerdoce. Mais, sous l'influence
de l'anglais **seminar**, ce mot désigne également un
groupe de travail ou une **série de conférences** sur un
objet de connaissance. Est-ce bien nécessaire ?

SITE

En français, un **site** était essentiellement un **paysage
pittoresque** propre à inspirer un peintre ou un photo-
graphe. Mais, ignorant que le nom anglais **site** désigne un
emplacement, voire un chantier, des traducteurs négligents se sont contentés d'en faire un **site** dans un contexte
français. C'est pourquoi il est si souvent question de **site
atomique** ou de **site industriel**, dont le pittoresque est
pourtant très contestable...

SOPHISTIQUÉ

De l'anglais **sophisticated** (voir page 19).

SUITE

Sous l'influence de l'anglais **suite** (prononcé comme
sweet), abréviation de **suite of rooms** désignant un
appartement ou des **pièces en enfilade**, les Français
distingués préfèrent le mot **suite** quand il s'agit de loger
à l'hôtel.

SUPPORTER

Si le verbe anglais **to support** signifie **soutenir, donner
son appui**, il n'en va pas de même du français **supporter**,
qui en constitue la fausse traduction.

SUPPOSÉ

Vous n'êtes pas **supposé** comprendre le français, calque
de l'anglais **supposed**, mais **censé** comprendre cette
langue.

TORCHE

Notre bonne vieille **lampe électrique** est bizarrement devenue une **torche** sous l'influence de l'anglais **torch** désignant cet objet si utile dans l'obscurité.

UN PEU PLUS DE...

« **Encore** un morceau de sucre ? » demandait en France l'accueillante hôtesse tandis qu'une Anglaise disait : « **Some more** sugar ? » Et voilà que, copiant sans même le savoir la formule anglaise, des millions de Français disent maintenant : « **Un peu plus** de sucre ? » probablement sous l'influence des doublages de films parlant anglais.

VALABLE

Un testament, une excuse, un billet de chemin de fer peuvent être qualifiés de **valables**. En raison de l'emploi abusif qui est fait de cet adjectif influencé par la traduction servile de l'anglais **valuable**, signifiant **précieux, de prix, de valeur**, l'Académie française a rappelé qu'il ne saurait raisonnablement être utilisé dans les sens de **remarquable, efficace**. Cela condamne donc des expressions erronées et prétentieuses telles que un élève **valable**, un footballeur très **valable**.

VISITE D'ÉTAT

Il n'y a pas si longtemps, un président de la République en recevait un autre à l'occasion d'une **visite officielle**. Mais ce genre de rencontre portant en anglais le nom de **state visit**, des traducteurs peu inspirés en ont fait une **visite d'État**. Où s'arrêtera-t-on ?

DE L'ANGLAIS
« MADE IN FRANCE »...

Qu'on imagine la surprise d'un anglophone qui, cherchant dans un dictionnaire bilingue la traduction française d'un mot anglais, tombe inopinément sur un mot d'allure anglaise n'existant pas dans sa langue maternelle ! En voici quelques exemples :

● Un « dancing » porte en anglais le nom de **dance-hall**.
● Le « footing » se dit **walking** en anglais.
● Un « goal » (signifiant but), abusivement employé dans le sens de **gardien de but**, est un **goal-keeper**.

> *REMARQUE.* Dans la plupart des pays francophones, le nom **goal** conserve son sens anglais de **but**. Pourquoi pas en France ?

● Un « lunch » de mariage est, en anglais, un **wedding breakfast**.
● Le terme « net » (traduisant filet), censé désigner une balle de service à rejouer, se dit **let** en anglais.
● Un « parking » s'appelle **car-park** en Grande-Bretagne et **parking-lot** aux États-Unis.
● Un « recordman » est en anglais un **record-holder** (détenteur de record).
● Un « rugbyman » porte en anglais le nom de **rugby-player** (joueur de rugby).

● Un « shake-hand », censé désigner une poignée de main, n'a jamais existé en anglais, langue dans laquelle elle se dit **handshake**.

● Un « shoot » employé dans le sens erroné de tir est, en anglais, un **shot** ou un **kick**.

> *REMARQUE.* On dit bien au tennis « passing-**shot** » et non pas « passing-shoot ».

● Un « smoking » est en Grande-Bretagne un **dinner-jacket** et, aux États-Unis, un **tuxedo**.

● Un « speaker » (radio et télévision) porte en anglais le non d'**announcer**.

● Le « spider » d'une voiture est un **dicky** en anglais.

● Le « starter » d'une voiture est un **choke** en anglais.

> *REMARQUE.* Le **starter** anglais est notre **démarreur**.

● Un « tennisman » porte en anglais le nom de **tennis-player** (joueur de tennis).

● Le prétendu « talkie-walkie » est, en anglais, un **walkie-talkie**, dans lequel, très logiquement, le verbe **to walk** (marcher) précède le verbe **to talk** (causer, parler).

RESSEMBLANCES
PRÊTANT A CONFUSION
(PARONYMES)

ABHORRER, ADORER

a) **Abhorrer** est synonyme de **détester**, d'**exécrer**.

b) **Adorer** est précisément le contraire du précédent.

ABJURER, ADJURER

a) **Abjurer** signifie **renoncer** solennellement à une religion ou à une opinion.

b) **Adjurer** veut dire **supplier** instamment.

ACCEPTATION, ACCEPTION

Comme l'a rappelé l'Académie française, l'**acceptation** est le fait d'**accepter**, tandis qu'une **acception** est le **sens** dans lequel un mot est employé.

ADHÉRENCE, ADHÉSION

a) L'**adhérence** est l'**union** d'une chose à une autre.

b) L'**adhésion** est l'action d'**adhérer**.

AGONIR, AGONISER

a) **Agonir** d'injures est synonyme d'**accabler** d'injures. Étant du deuxième groupe, ce verbe se conjugue comme **finir**. D'où : ils **agonissent**, il **agonissait**, formes qui gagneraient à être connues.

b) **Agoniser** signifie être à l'**agonie**. Ce verbe du premier groupe donne entre autres : ils **agonisent**, il **agonisait**.

ALCOOLIQUE, ALCOOLISÉ

a) Une boisson **alcoolique** est **à base** d'alcool : vin, gin, calvados, etc.

b) Une boisson **alcoolisée** est un liquide auquel on a **ajouté** de l'alcool : une tisane fortement alcoolisée.

REMARQUE. Ceux qui, indifférents au véritable sens du verbe **alcooliser**, prétendent que le whisky, par exemple, est une boisson **alcoolisée** considèrent-ils également comme synonymes les mots **aromatique** et **aromatisé**, **germanique** et **germanisé** ? Selon leur critère bien particulier, une pareille confusion serait pourtant « logique », n'est-ce pas ?

AMARRER, ARRIMER

a) **Amarrer** est **retenir** avec des amarres.

b) **Arrimer** un chargement signifie le **disposer** méthodiquement et le **fixer** solidement pour en assurer l'équilibre.

REMARQUE. Il est donc absurde de baptiser « arrimage » la **jonction** de deux vaisseaux spatiaux qui est, en réalité, un **amarrage**, terme que connaissent bien les véritables spécialistes de la question, qui l'emploient donc à bon escient.

BLANCHIMENT, BLANCHISSAGE

a) Le **blanchiment** est l'action de **blanchir** ce qui est teinté ou, au sens figuré, ce qui est d'origine douteuse : le **blanchiment** de l'argent de la drogue.

b) Le **blanchissage** se dit surtout du **lavage** du linge.

COASSER, CROASSER

La grenouille **coasse** et le **corbeau croasse**.

COLLISION, COLLUSION

a) Une **collision** est le **choc** de deux corps : deux voitures sont entrées en **collision**.

b) Une **collusion** est une **entente** secrète entre deux parties, au préjudice d'un tiers.

COLORER, COLORIER

a) **Colorer** signifie « donner de la couleur », au propre et au figuré. Le substantif correspondant est **coloration**.

b) **Colorier** revient à « appliquer des couleurs sur ». Cette opération porte le nom de **coloriage**.

COMPRÉHENSIBLE, COMPRÉHENSIF

a) **Compréhensible**, ne s'appliquant qu'aux choses, qualifie ce qui peut **se comprendre** facilement.

b) **Compréhensif** est celui qui a la **faculté** de comprendre, de concevoir.

CONJECTURE, CONJONCTURE

a) Étymologiquement associé au verbe **jeter**, le nom **conjecture** indique qu'on **lance** une hypothèse : vos soupçons ne reposent que sur de vagues **conjectures**.

b) Étymologiquement associé au verbe **joindre** et au nom **jonction**, une **conjoncture** implique une **rencontre** d'événements, un **concours** de circonstances : la **conjoncture** actuelle ne favorise pas la reprise des affaires.

CULTURAL, CULTUREL

L'adjectif **cultural** concerne la culture de la **terre** ; l'adjectif **culturel** concerne celle de l'**esprit**.

DÉMYSTIFIER, DÉMYTHIFIER

L'Académie française a rappelé que **démystifier** signifie « **détromper** la victime d'une **mystification** », tandis que **démythifier** a pour sens « ôter sa valeur trompeuse de **mythe** à un mot, une idée, un acte, un événement ».

DENTITION, DENTURE

a) La **dentition** est la **formation** et la **sortie** naturelle des dents : à la **dentition** de lait succède la **dentition** définitive, qui débute par l'apparition des premières grosses molaires.

b) La **denture** est l'**ensemble** des dents. On dit donc que cette femme a une fort belle **denture** et non pas une fort belle « dentition ». Cette nuance gagnerait à être connue.

DÉSAFFECTATION, DÉSAFFECTION

a) La **désaffectation** est l'état d'un édifice public auquel on a enlevé sa destination, comme une église dans laquelle on ne célèbre plus le culte.

b) La **désaffection** est la cessation de l'**affection** : la désaffection d'une mauvaise mère pour ses enfants.

DOCUMENTALISTE, DOCUMENTARISTE

a) Un **documentaliste**, ou **documentiste**, a pour tâche de rechercher, sélectionner, classer, diffuser et conserver des **documents**.

b) Un **documentariste** est un spécialiste des films **documentaires**.

ÉMINENT, IMMINENT

a) L'adjectif **éminent** signifie **supérieur, remarquable** : un chirurgien **éminent**.

b) L'adjectif **imminent** signifie **très prochain** : son départ est **imminent**.

INCLINAISON, INCLINATION

a) L'**inclinaison** est l'état de ce qui est **incliné**, comme un toit, un arbre, un terrain, la tour de Pise.

b) Au sens propre, une **inclination** est l'action de **pencher** le corps ou la tête en signe d'acquiescement ou de respect. Au sens figuré, une **inclination** désigne le mouvement de l'âme, le penchant, la tendance naturelle qui vous porte vers quelque chose. C'est aussi l'affection, l'amour.

INFECTER, INFESTER

a) Le verbe **infecter** signifie **contaminer** par des germes infectieux : cette plaie béante risque de s'**infecter**.

b) Du latin **infestus**, signifiant « ennemi », le verbe **infester** signifie **ravager**, répandre la **désolation** par des actes hostiles : des bandes de brigands **infestaient** toute la région.

REMARQUE. Il va de soi que les rats qui **infestent** des dépôts de vivres peuvent y répandre des germes d'**infection**.

LUXATION, LUXURE

a) On est atteint d'une **luxation** quand un os est sorti de son articulation : une **luxation** d'épaule.

b) La **luxure** est un des sept **péchés** capitaux, qui s'oppose à la chasteté.

LUXURIANT, LUXURIEUX

a) Est **luxuriant** ce qui est **vigoureux**, ce qui pousse avec abondance. Le nom correspondant est **luxuriance**.

b) Dérivé de **luxure**, l'adjectif **luxurieux** qualifie quiconque se livre sans retenue aux plaisirs de la **chair**, ou porte à la luxure.

MÉRITANT, MÉRITOIRE

a) **Méritant** se dit d'une personne qui a du **mérite** : un élève très **méritant**.

b) **Méritoire** qualifie une attitude, une action, une œuvre : ses efforts sont si **méritoires** qu'il serait injuste qu'il ne réussisse pas dans son entreprise.

NOTABLE, NOTOIRE

a) L'adjectif **notable** signifie « qui est digne d'être noté, signalé » s'il s'agit d'une chose et, pour une personne, « important, considérable ».

b) L'adjectif **notoire** a le sens de « qui est connu, manifeste ».

REMARQUE. Un fait **notable** mérite d'être signalé, un fait **notoire** est connu de tous.

NUMÉRATION, NUMÉRISATION, NUMÉROTATION

a) La **numération** est l'art d'énoncer et d'écrire les nombres.

b) La **numérisation** est l'action d'exprimer sous forme numérique en informatique.

c) La **numérotation** est un synonyme relativement récent de **numérotage** désignant l'action de numéroter, de marquer d'un numéro.

OISELEUR, OISELIER

a) Un **oiseleur prend** des petits oiseaux au filet ou au piège.

b) Un **oiselier élève** et **vend** des oiseaux.

OISEUX, OISIF

a) En parlant d'une personne, **oiseux** est synonyme d'**inactif**, d'**inutile** à la société ; en parlant d'une chose, **oiseux** signifie **vain**, **inutile**.

b) **Oisif** signifie **inactif**, actuellement **désœuvré** et n'est pas synonyme de « paresseux ».

OPPRESSER, OPPRIMER

a) Autrefois synonyme d'**opprimer**, le verbe **oppresser** signifie de nos jours **gêner**, **tourmenter**, **fatiguer** physiquement ou moralement : l'asthme **oppresse** la poitrine.

b) **Opprimer** a le sens d'**accabler** par violence, par abus d'autorité : nombre de peuples se sentaient **opprimés** par les Ottomans.

PARONYME, PATRONYME

a) Un **paronyme** est un mot qui **ressemble** beaucoup à un autre, comme cette liste nous en fournit de nombreux exemples.

b) Le **patronyme** est le **nom de famille** : le **patronyme** de Molière était Poquelin.

PÉNITENCIER, PÉNITENTIAIRE

Le nom **pénitencier** désigne un établissement qualifié de **pénitentiaire**.

PERCEPTEUR, PRÉCEPTEUR

a) Un **percepteur** est un fonctionnaire du **Trésor** chargé essentiellement de recouvrer les contributions directes.

b) Un **précepteur** est chargé de l'**éducation** d'un enfant à domicile.

PERPÉTRER, PERPÉTUER

a) Le verbe **perpétrer** ne signifie pas « préparer » ou « ourdir », mais **commettre**, avec une nuance péjorative : cet assassinat fut **perpétré** dans des conditions particulièrement atroces.

b) Associé aux mots **perpétuel** et **perpétuité**, le verbe **perpétuer** signifie « **faire durer** toujours ou longtemps » : **perpétuer** la race, **perpétuer** une tradition.

PROLONGATION, PROLONGEMENT

a) Une **prolongation** est l'action de prolonger dans le **temps** : aucun but ne fut marqué au cours des **prolongations**.

b) Un **prolongement** est une extension en longueur dans l'**espace** : le **prolongement** de cette ligne de métro ferait bien des heureux.

PUBLICISTE, PUBLICITAIRE

a) Un **publiciste** est un **journaliste** ou un **juriste** spécialiste du droit public.

b) Un **publicitaire** s'occupe de **publicité**.

RABATTRE, REBATTRE

Si on lui **rabat** son caquet, il ne nous **rebattra** plus les oreilles du récit de ses exploits imaginaires.

RECOUVRER, RECOUVRIR

a) Le verbe **recouvrer**, qui signifie « rentrer en **possession** de », est le doublet du verbe **récupérer** : **recouvrer** la vue, la santé.

b) Le verbe **recouvrir** signifie **couvrir** de nouveau, complètement, puis **masquer** : une épaisse couche de poussière **recouvre** ce meuble.

SIGNALER, SIGNALISER

a) **Signaler** a le sens d'« **attirer l'attention** sur une personne ou sur une chose : on nous a **signalé** un dangereux malfaiteur.

b) **Signaliser** signifie munir de **signaux** : certains trouvent que cette route est insuffisamment **signalisée**.

SIMULER, STIMULER

a) Le verbe **simuler** signifie « faire paraître comme réelle une chose qui ne l'est pas, faire le **simulacre** de » : nous ne sommes pas dupes de ceux qui **simulent** une maladie.

b) Le verbe **stimuler** signifie « exciter, aiguillonner, accroître l'activité de » : l'économie de ce pays a grand besoin d'être **stimulée**.

SOMPTUAIRE, SOMPTUEUX

a) L'adjectif **somptuaire** a le sens de « relatif à la **dépense** ».

b) L'adjectif **somptueux** signifie « magnifique, splendide, de grande dépense ».

STUPÉFAIT, STUPÉFIÉ

a) Le mot **stupéfait** est un adjectif qui exprime un état : sa mère était **stupéfaite** de le savoir si riche.

b) Le mot **stupéfié** est le participe passé du verbe **stupéfier** : cette défaite imméritée les avait **stupéfiés**, et non pas « stupéfaits ».

TENDRESSE, TENDRETÉ

a) La **tendresse** est un sentiment : la **tendresse** de cette mère adoptive est incontestable.

b) La **tendreté** est la qualité d'un **aliment** tendre : tous nos invités apprécièrent la **tendreté** de ce gigot d'agneau.

VOLCANOLOGIE, VULCANOLOGIE

L'Académie française nous a rappelé que la **volcanologie** est la science qui étudie les phénomènes **volcaniques**, alors que la **vulcanologie** concerne le traitement du **caoutchouc** ou des substances possédant des propriétés analogues. Haroun Tazieff se dit donc **volcanologue** et non pas **vulcanologue**.

PARMI LES PLÉONASMES LES PLUS ENVAHISSANTS

Un pléonasme consiste en l'emploi d'un mot qui répète l'idée contenue dans celui qui le précède. Le pléonasme n'est pas blâmable quand il a pour but de renforcer utilement la pensée exprimée : cette panthère, je l'ai **vue** de **mes yeux** ; tu ne **leur** demandes rien, à **eux** ; elle **applaudit** des **deux mains**.

Mais le pléonasme est vicieux quand il constitue une simple redondance qui n'est d'aucune utilité à l'exposé.

ABOLIR

Ce verbe signifiant « supprimer, réduire à néant », la formule « abolir **entièrement** » constitue un pléonasme.

AJOUTER

Ne pas dire « ajouter **en plus** ».

AUJOURD'HUI

Ne pas dire « **au jour** d'aujourd'hui », même facétieusement.

AVÉRER

Le sens de l'ancien verbe non pronominal **avérer**, de même étymologie que l'adjectif **vrai**, du latin **verus**, est évident dans une phrase comme « la nouvelle est **avérée** », signifiant qu'il est prouvé que la nouvelle est **vraie**. En considérant cette acception du verbe, la formule « s'avérer **vrai** » peut donc être considérée comme un pléonasme et

son contraire « s'avérer **faux** » condamné comme juxta-
posant le vrai et le faux.

Cela dit, de nos jours, le verbe pronominal **s'avérer**
s'emploie surtout dans le sens de **se révéler** : comme
toujours, ce champion s'est **avéré** le plus rapide du lot. Il
en résulte qu'une nouvelle qui se **révèle vraie** a l'avantage
de s'**avérer vraie** et que, inversement, on dira qu'elle
s'**avère fausse** si elle se **révèle inexacte**. On dit d'ailleurs
« c'est **vraiment faux** » sans que l'association de deux
idées antonymiques ait rien de choquant.

Malgré cet argument conforme au bon sens, il est
préférable de remplacer « **s'avérer** vrai » par **se révéler**
vrai. De la même façon, mieux vaudra dire **se révéler**
faux que « **s'avérer** faux ».

BIENTÔT

L'adverbe **bien** peut être synonyme de **très** : il est **bien**
tard. C'est pourquoi « **très bientôt** » est souvent considéré
comme pléonastique et condamnable. Il est donc sage de
l'éviter et de se contenter de dire **bientôt**.

CAR

Cette conjonction de coordination dont le sens est
suffisamment clair ne gagne rien à être suivie d'**en effet**.
On rejettera donc comme pléonastique la tournure si
fréquente « car **en effet** ».

COLLABORER

Ne pas dire « collaborer **ensemble** », cette dernière idée
étant déjà contenue dans le préfixe du verbe.

COMME

L'expression « comme **par exemple** » est le plus souvent considérée comme pléonastique.

COMPARER

On rejettera le pléonasme « comparer **ensemble** ».

COOPÉRER

Même remarque que pour **collaborer** dans la tournure fautive « coopérer **ensemble** ».

DESCENDRE

Il va de soi que « descendre **vers le bas** » constituerait un affreux pléonasme. Cela dit, la locution abverbiale **en bas**, qui ne signifie pas forcément **vers le bas**, est souvent employée dans le sens de **au rez-de-chaussée**. Exemple : la gardienne ne loge pas **en bas**, mais au premier étage. Dans cette acception, la tournure « descendre **en bas** », c'est-à-dire **au rez-de-chaussée**, ne constituerait pas un pléonasme. Mais il n'en est pas moins sage de l'éviter.

DUNE

Une **dune** étant constituée de **sable**, il ne faut pas parler de « dune **de sable** ».

(S') ENTRAIDER

Le verbe pronominal **s'entraider** se suffit à lui-même. Il en résulte que « s'entraider **mutuellement** » est un pléonasme.

EXPORTER, IMPORTER

Ne pas dire « exporter **à l'étranger** » et « importer **de l'étranger** ».

HASARD

Ne pas parler de « hasard **imprévu** ».

LURON

On évitera comme pléonastiques les tournures « **gai** luron » et « **joyeux** luron ».

MARCHE, MARCHER

Puisque, normalement, on ne marche ni sur la tête, ni sur les mains, il ne faut dire ni la « marche **à pied** », ni « marcher **à pied** ». D'ailleurs, l'épreuve d'athlétisme porte le seul nom de **marche**, qui se suffit à lui-même.

MAXIMUM

Inutile de le qualifier de **grand** pour dire « au **grand** maximum ».

MIRAGE

Un **mirage** ne pouvant être que trompeur, on ne parlera pas de « mirage **décevant** ».

MONOPOLE

Un **monopole** étant un privilège **exclusif**, on commet un pléonasme en parlant de « monopole **exclusif** ».

MONTER

« Monter **vers le haut** » serait un pléonasme aussi énorme que « descendre **vers le bas** ». Cela étant, toutes les fois que la locution adverbiale **en haut** signifie « à l'étage **le plus haut** », par opposition au rez-de-chaussée, on peut très bien « monter **en haut** » sans offenser la logique. Mais, comme pour « descendre **en bas** », mieux vaut éviter cette façon de s'exprimer.

NE... QUE

Cette locution adverbiale signifie **seulement**. Qui **ne** voit **que** deux avions voit **seulement** deux avions. On commet donc un pléonasme en disant « il **ne** voit **seulement que** deux avions ».

PANACÉE

Ce nom savant étant, comme le prouve son préfixe, un remède **à tout mal**, les beaux esprits qui croient élégant de parler de « panacée **universelle** » feraient bien d'éviter ce pléonasme classique.

PARFAIT

La **perfection** impliquant que le **summum** a été atteint, on ne dira pas « **le plus** parfait (de tous) ». Pas davantage ne dira-t-on « **plus parfait** que... »

PETIT

Il est aussi cocasse de parler d'un « **petit** nain » que d'un « **grand** géant ». On se rend également coupable de pléonasme en qualifiant de **petit** ou de **petite** un nom affecté du suffixe diminutif **-et** ou **-ette**, ce qui exclut comme pléonastiques le « **petit** jardinet » et la « **petite** maisonnette ».

PIRE

« **Le plus** mauvais », synonyme de **pire**, ne saurait en aucune façon être remplacé par « **le plus** pire », qui est un monumental pléonasme. De la même façon, l'incorrect « **plus pire** que... » ne saurait se substituer à « **plus mauvais** que... ».

PRÉPARER

« Préparer **d'avance** » est un pléonasme trop courant. Mais si l'on tient vraiment à ce dernier mot, on pourra toujours dire, le cas échéant, « préparer **longtemps** à l'avance ».

PRÉVENIR, PRÉVOIR

Même remarque que ci-dessus.

PUIS

On ne saurait accepter « puis **ensuite**... » pour la simple raison que le second terme est synonyme du premier.

RECULER

« Reculer **en arrière** » est indéfendable.

RÉPÉTER

Ne pas dire « répéter **une deuxième fois** » quand il s'agit, en fait, de la **première** répétition.

RÉUNIR

« (Se) réunir **ensemble** » constitue un pléonasme.

REVOLVER

On ne parlera pas de « revolver **à barillet** » pour la

simple raison que, contrairement au pistolet, tout revolver possède un barillet.

SATISFAISANT

Étant donné que l'adverbe **assez** remonte au latin **ad satis**, certains rejettent la tournure « assez satisfaisant » comme pléonastique. On peut d'ailleurs l'éviter si l'on considère que l'adjectif **satisfaisant** se suffit à lui-même et que l'adverbe **assez** ne constitue pas, en l'occurrence, un enrichissement appréciable.

SISMIQUE

Les mots français **séisme** et **sismique** remontent au grec **seismos**, qui signifie **secousse, ébranlement, commotion, tremblement de terre**. On commet donc un pléonasme en parlant de « secousse **sismique** ». Il faut dire : **séisme, phénomène sismique, secousse tellurique, tremblement de terre**. Comme on le voit, le choix ne manque pas.

SOMPTUAIRE

Cet adjectif signifiant « relatif à la **dépense** », on ne qualifiera pas cette dernière de « somptuaire », mais d'**excessive**, d'**exagérée***.

SORTIR

« Sortir **dehors** » est l'un des pléonasmes les plus pénibles.

SUFFIRE

On condamnera l'emploi de l'adverbe dans « suffire **simplement** ».

SUFFISAMMENT

Cet adverbe étant synonyme d'**assez**, on ne saurait dire « suffisamment **assez** ».

SUIVRE

On évitera le pléonasme « suivre **derrière** ».

---

* Voir page 63.

AUTRES TOURNURES INCORRECTES OU CRITIQUABLES

NE PAS DIRE	FORME CORRECTE
Il **s'en est** accaparé.	Il **l'a** accaparé.
Agoniser d'injures.	**Agonir** d'injures.
Déambuler **alentour** du parc.	Déambuler **autour** du parc.
Les croisés d'**antan**.	Les croisés de **jadis**.
La clef est **après** la porte.	La clef est **à** la porte.
Être furieux **après** quelqu'un.	Être furieux **contre** quelqu'un.
Demander **après** quelqu'un.	Demander quelqu'un.
Il n'**arrête** pas de bavarder.	Il ne **cesse** de bavarder.
Une faute d'**attention**.	Une faute d'**inattention**.
Aller **au docteur**.	Aller **chez le médecin**.
Aussi bizarre que cela paraisse.	**Si** bizarre que cela paraisse.
Aussitôt ton arrivée.	**Dès** ton arrivée.
On se **base** sur des faits.	On se **fonde** sur des faits.
Dans le **but** de réussir.	Dans le **dessein** de réussir.
Elle n'est guère **causante**.	Elle n'est guère **bavarde**.
C'est moi qui vous **cause**.	C'est moi qui vous **parle**.
Ils coûtent dix francs **chaque**.	Ils coûtent dix francs **chacun**.
Le combien est-il ?	**Quelle place a-t-il ?**
Faire des coupes **sombres***.	Faire des coupes **claires**.
Davantage que...	**Plus** que...

* En forêt, une coupe **sombre** n'est qu'un **léger** éclaircissage.

NE PAS DIRE	FORME CORRECTE
Aller **en bicyclette, en skis**.	Aller **à bicyclette, à skis**.
Éviter un effort à quelqu'un.	**Épargner** un effort à quelqu'un.
Habiter **en face** la poste.	Habiter **en face de** la poste.
Être fâché **avec** quelqu'un.	Être fâché **contre** quelqu'un.
Fixer quelqu'un.	**Regarder fixement** quelqu'un.
Noir comme un **geai** (oiseau).	Noir comme du **jais** (pierre).
Il échoua **grâce à** sa paresse.	Il échoua **à cause de** sa paresse.
Gradé de l'Université.	**Gradué** de l'Université.
Tout l'**indiffère**.	Tout lui **est indifférent**.
Le vacarme m'**insupporte**.	Le vacarme m'**est insupportable**.
Jouir d'une triste réputation.	**Avoir** une triste réputation.
Tomber dans le **lac**.	Tomber dans le **lacs** (le piège).
Des frais réduits au **maximum***.	Des frais réduits au **minimum**.
Vers **les** deux heures.	Vers deux heures.
Il est mieux **en** naturel.	Il est mieux **au** naturel.
Un peintre **notoire**.	Un peintre **notable, connu**.
Nous deux mon chat.	**Moi et** mon chat.
En outre de cela.	**Outre** cela.
Prendre à **parti**. —	Prendre à **partie**.
Partir **à** Caen, **en** Inde.	Partir **pour** Caen, **pour** l'Inde.
Une rue **passagère**.	Une rue **passante**.
Tant **pire** ; de mal en **pire**.	Tant **pis** ; de mal en **pis**.
Au point de vue travail.	**Du** point de vue **du** travail.
Une occasion à **profiter**.	Une occasion à **saisir**.
Je te **promets** qu'il fait beau.	Je t'**assure** qu'il fait beau.
Rapport à ses idées.	**A cause** de ses idées.
Repartir **à** zéro.	Repartir **de** zéro.
Retrouver la santé.	**Recouvrer** la santé.
A six heures **sonnant**.	A six heures **sonnantes**.

---

* Certes, **au maximum** veut dire **le plus possible**. Mais son emploi est ici ambigu.

NE PAS DIRE	FORME CORRECTE
Elle arrive **de suite**.	Elle arrive **tout de suite**.
Il s'**en est suivi** une chute.	Il s'**est ensuivi** une chute.
On l'a lu **sur** le journal.	On l'a lu **dans** le journal.
Surtout qu'il est absent.	**D'autant plus** qu'il est absent.
Tâcher moyen de...	**Faire son possible pour**...
Tant qu'à faire...	**A tant** faire...
Tant qu'à nous...	**Quant** à nous...
On l'a vu tel **que**.	On l'a vu tel **quel**.
Il n'a pas le temps **matériel**...	Il n'a pas le temps...
As-tu soif ? — **Très**.	As-tu soif ? — **Beaucoup**.
Il avait **très** peur.	Il avait **grand**-peur.
Tu manges **de** trop.	Tu manges trop.
Vitupérer **contre** quelqu'un.	Vitupérer quelqu'un.

AU RAYON DES AMBIGUÏTÉS

EXCLUSIVEMENT

Cet adverbe est un de ces mots ambivalents qui peuvent avoir deux sens totalement opposés, comme le prouve la phrase suivante : « Vous pouvez passer chez lui le dimanche **exclusivement**. » On peut comprendre soit **seulement** le dimanche, car il n'est pas chez lui en semaine, soit **sauf** le dimanche, jour où il est absent de son domicile. Pour éviter toute ambiguïté, la mention « Paris **exclusivement** » portée sur les boîtes aux lettres de la capitale pourrait être avantageusement remplacée par « Paris **uniquement** ».

HÔTE

Ce nom désigne aussi bien la personne qui **reçoit** que celle qui est reçue et, partant, **invitée**. Il est recommandé d'en éviter l'emploi toutes les fois que le contexte n'en indique pas clairement le sens.

LOUER

Une tournure telle que « **louer** quelque chose **à** quelqu'un » est ambiguë puisque ce verbe signifie aussi bien **donner** que **prendre** en location, car la préposition **à** peut aussi bien introduire un complément d'**attribution** (anglais : **to**) que d'**origine** (anglais : **from**). Ici encore, il est sage d'éviter toute équivoque.

PEUT-ÊTRE

Le plus souvent, cet adverbe est employé dans le sens de **possiblement** : **peut-être** est-il absent. Mais il arrive qu'il ait le sens de **certes**, annonçant ensuite une restriction : « **Peut-être** as-tu gagné la course, mais c'est Untel qui aurait dû arriver premier si tout s'était passé normalement. »

SANCTIONNER*

Ce verbe signifie **approuver, confirmer** : cette décision a été **sanctionnée** par les hautes autorités ; ce néologisme n'a pas encore été **sanctionné** par l'usage. Il n'est pas recommandé de faire de **sanctionner** un mot ambivalent en l'employant dans le sens d'infliger des **sanctions** à, c'est-à-dire **punir, pénaliser**.

SINON

Ce mot est ambivalent dans une phrase telle que : « Mon fils est l'un des meilleurs élèves, **sinon** le meilleur », que l'on peut interpréter des deux façons suivantes :

1. S'il n'est pas le meilleur élève, mon fils n'en est pas moins **l'un des meilleurs**.

2. Non seulement, mon fils est l'un des meilleurs élèves, mais il est peut-être **le meilleur de tous**.

Il va de soi que la seconde acception est la plus favorable.

* Voir page 34.

QUELQUES DOUBLETS RÉVÉLATEURS

Des doublets sont des couples de mots sortis d'un même moule et qui ont, par la suite, pris chacun un visage — et très souvent un sens — différent. Les seize associations ci-dessous peuvent éclairer utilement le sens d'un des deux éléments de chacun de ces doublets.

copain - compagnon	outil - ustensile
écouter - ausculter	parcelle - particule
entier - intègre	pâtre - pasteur
esclandre - scandale	recouvrer - récupérer
frêle - fragile	sevrer - séparer
froid - frigide	sire - seigneur
grêle - gracile	soupçon - suspicion
moindre - mineur	trouvère - troubadour

On remarquera, entre autres, qu'**ausculter** consiste à **écouter** les bruits émis par les organes et que **sevrer** un bébé revient à le **séparer** du sein nourricier.

PARMI LES MOTS
SOUVENT DÉFIGURÉS
(BARBARISMES)

Il y a intérêt à bien savoir lire, ne serait-ce que pour constater comment s'écrivent réellement les mots suivants et les prononcer correctement.

AÉRO-

Le préfixe **aéro-**, du grec **aêr**, signifiant **air**, est présent dans un grand nombre de mots, dont **aérodrome, aérodynamique, aéronaute, aéronaval, aéronef, aérophagie, aéroplane, aéroport, aérostat**. Il faut bien se garder de prononcer « aréoport », par exemple.

ARÉO-

Nettement moins fréquent en français que le précédent, le préfixe **aréo-** se rencontre notamment dans :

a) Le nom **aréomètre**, du grec **araios**, signifiant **peu dense**, qui n'est pas un « aéromètre », mais un instrument servant à déterminer la **densité** des liquides.

b) Le nom **aréopage**, souvent déformé en « aéropage » par des gens ayant pourtant fait d'assez longues études, est un calque du latin **areopagus**, du grec **Areios pagos**, signifiant « colline d'**Arès** », où siégeait ce tribunal.

CAPARAÇONNER

Ce verbe n'est pas apparenté au nom **carapace**, mais à **cape** (manteau). Un cheval **caparaçonné** n'est donc en rien « carapaçonné ».

CARROUSEL

Ne prenant qu'un « s », ce nom se prononce « carouzel », et non « caroussel ». Exemple : la place du **Carrousel** est située au cœur de Paris.

COMMISSARIAT

Trop fréquente est la prononciation incorrecte « commissairiat » influencée par **commissaire**.

DÉGINGANDÉ

L'adjectif **dégingandé** ne prenant pas d'« u », il n'y a aucune raison de le déformer en « déguingandé », peut-être sous l'influence du nom de la ville bretonne de **Guingamp**.

DÉPRÉDATION

Remontant au latin **praeda**, signifiant **proie**, le nom **déprédation** est de la même famille que **prédateur**. Il suffit d'effectuer ce rapprochement pour ne pas le déformer en « dépradation », barbarisme typique probablement influencé par **dépravation** et **dégradation**. Exemple : les émeutiers déchaînés ont commis bien des **déprédations**.

DILEMME

Probablement influencée par l'adjectif **indemne**, la forme « dilemne » est un barbarisme. Rappelons au passage qu'un **dilemme** est une alternative aboutissant à deux résultats fâcheux : le condamné avait le choix entre mourir pendu ou fusillé ; c'était là un bien cruel **dilemme** !

ÉCHAUFFOURÉE

Synonyme de **bagarre**, ce nom de quatre syllabes prend deux « u » et un seul « r ». La prononciation « échaffourée » est donc un barbarisme, dont il faut se garder si l'on ne veut pas déformer l'**échauffourée** (singulier) en « les chats fourrés » (pluriel).

FAINÉANT

La prononciation « feignant », qui évoque le participe présent du verbe **feindre**, est à la fois un barbarisme et un vulgarisme.

FATRAS

Ce nom ne contient qu'un « **r** » ; il en résulte que la forme « fratras » est un barbarisme.

FOMENTER

Sous l'influence des noms **froment** et **forme**, auxquels le verbe **fomenter** n'est pourtant nullement apparenté, bien des gens prononcent trop souvent « fromenter » ou « formenter ». Il n'en reste pas moins qu'on **fomente** un complot.

FRUSTE

Tout comme **fatras**, l'adjectif **fruste**, qui a d'abord signifié « usé par le frottement », ne prend qu'un « **r** ». Il faut donc rejeter le barbarisme « frustre », sans doute imputable à l'attraction exercée par les mots **frustrer** et **rustre**.

GAGEURE

Dans ce nom dérivé du verbe **gager**, il faut conserver la prononciation de **gage** devant le suffixe **-ure**. Il va de soi qu'en n'écrivant pas l'**-e** final de **gage** on obtiendrait la forme « gagure » dans laquelle le second « **g** » se prononcerait comme dans **figure**. Or, en intercalant un « **e** » entre **gag-** et **-ure**, on indique clairement que le nom **gageure** se prononce **gajure** (« gage-ure ») rimant avec **injure**, et non pas « gajeure » (« gage-heure ») rimant avec **majeure**.

GENT

Ce nom féminin désignant une **race**, une **espèce** se rencontre dans l'œuvre de La Fontaine : la **gent** trotte-menu désignant les souris, ainsi que dans la **gent** féminine. C'est une erreur que lui ajouter un **-e** pour le déformer en « gente ».

HYPNOTISER

Dans ce verbe, le « **p** » précède le « **n** » comme dans **pneumatique** et non le « **t** » comme dans **opticien**, ce qui condamne clairement le barbarisme « hynoptiser ».

INDUIRE

Il faut dire **induire** en erreur, signifiant **tromper** à dessein. Les formes « enduire » en erreur et « introduire » en erreur sont des barbarismes dignes du sapeur Camember...

INFARCTUS

La forme « infractus » est un barbarisme, qui associe faussement ce terme au nom **fracture**. En réalité, l'**infarctus** se rattache au verbe latin **farcire**, d'où vient le français **farcir**.

MAIRIE

La prononciation « mairerie » rappelant celle de **verrerie** est aussi fautive que vulgaire.

OPPROBRE

Remontant au latin **opprobrium**, de **probrum** signifiant une **action honteuse**, le nom **opprobre** désigne une **honte**, une **humiliation** infligée à quelqu'un. La forme « opprobe », avec un seul « **r** », constitue un barbarisme assez fréquent.

PANTOMIME

Ce nom contient le mot **mime** et non pas « mine ».

PÉCUNIAIRE

Trop nombreux sont ceux qui, par pure ignorance, déforment cet adjectif en « pécunier » au masculin, à l'image de **saisonnier**, par exemple, argument dont se servent certains grammairiens laxistes pour justifier ce barbarisme qui, selon eux, s'inscrit dans la logique des adjectifs du genre masculin. En raisonnant (?) ainsi, ils ne sont nullement choqués par des « avantages **pécuniers** », tout en paraissant oublier l'existence d'adjectifs tels qu'**auxiliaire**, **fiduciaire**, **judiciaire**, etc., qui s'emploient bel et bien sous cette forme au **masculin**. Pourquoi **pécuniaire** échapperait-il à cette règle ?

PÉNITENTIAIRE

Pour la raison ci-dessus avancée, l'adjectif masculin **pénitentiaire** est souvent déformé en « pénitencier », nom qui s'écrit avec un « **c** » et désigne un établissement... **pénitentiaire**. Ce faux adjectif « pénitencier » constitue en l'occurrence un barbarisme tout aussi condamnable que « pécunier ».

PÉRÉGRINATION

Ne pas le métamorphoser en « périgrination ».

RASSÉRÉNER

Penser à l'adjectif **serein** pour ne pas dire « rassénérer ».

REBATTRE

Ne pas dire « rabattre » les oreilles, car on les **rebat***.

RÉMUNÉRER

Presque homonyme du verbe **énumérer**, l'imaginaire « rénumérer », peut-être influencé par le nom **numéraire**, est un barbarisme. S'il existe une **numération**, il n'y a pas de « rénumération », mais une **rémunération**.

---

* Voir page 62.

ROUVRIR

Il suffit d'ouvrir un dictionnaire français pour constater que, s'il existe un verbe **rouvrir**, son équivalent « réouvrir » en est totalement absent. Mais qu'à cela ne tienne ! Depuis peu, la plupart de ceux qui s'expriment à la radio et à la télévision françaises ont cru intelligent de forger de toutes pièces le verbe « réouvrir » sans songer un seul instant à vérifier son existence dans un dictionnaire. Malgré la présence du préfixe **ré-** dans le nom **réouverture**, il n'en reste pas moins que cet envahissant verbe « réouvrir » n'est qu'un barbarisme qui n'a aucune raison de supplanter **rouvrir**, plus court d'une syllabe.

SAVOIR GRÉ

Savoir gré signifie **être reconnaissant**. Au futur et au conditionnel, il faut donc dire respectivement **je vous saurai gré** et **je vous saurais gré** et non pas je vous « serai » gré et je vous « serais » gré, erreur monumentale beaucoup trop fréquente de nos jours.

SECRÉTARIAT

De la même façon que le barbarisme « commissairiat » est influencé par **commissaire**, cet envahissant « secrétairiat » l'est par **secrétaire**. Il faut dire : adressez-vous au **secrétariat**.

SUGGÉRER, SUGGESTION

Trop souvent, le double « **g** » est paresseusement prononcé comme un « **j** », ce qui déforme ces deux mots en « sujérer » et en « sujétion ». N'ayant strictement rien à voir avec **suggestion**, « sujétion » constitue ici à la fois un barbarisme et un faux sens.

TARIFER

Même s'il figure dans certains dictionnaires accueillants, le pseudo-verbe « tarifier » rimant avec **clarifier** ne saurait se substituer à **tarifer**, qui est à **tarif** ce qu'**agrafer** est à **agrafe**.

VALOIR MIEUX

Trop souvent, l'expression il **vaut mieux** est déformée en « il **faut** mieux », qui constitue un affligeant barbarisme. Il **vaut mieux** travailler signifie : « il **est préférable** de travailler » et se dit également « **mieux vaut** travailler ». Mais il **faut mieux** travailler revient à dire qu'il faut fournir **un meilleur travail,** ce qui n'est pas du tout la même chose. Cet exemple montre à l'évidence que ce barbarisme peut être à la base d'un très fâcheux contre-sens.

MISES AU POINT COMPLÉMENTAIRES

1°) *Abréviations usuelles*

a) ETC.

1. Cette abréviation du latin classique **et cetera** s'écrit **etc.**, suivi d'un seul point. Il ne faut donc écrire ni « etc... » suivi de trois points, ni le redoubler sous la forme « etc., etc. ».

2. Étant un pluriel neutre, **et cetera** s'emploie pour désigner des **choses** : des pommes, des poires, des pêches, **etc.** Il est donc déconseillé d'écrire : « des fantassins, des artilleurs, des sapeurs, **etc.** ». Dans ce cas, on pourra remplacer ce dernier terme par **tutti quanti**, emprunté à l'italien, qui s'applique plus précisément aux personnes, mais avec une nuance facétieuse.

N.B. La prononciation « eccétéra » est un barbarisme.

b) FRANC

Le symbole de notre unité monétaire n'est ni « fr. », ni « Fr. », mais un simple **F** majuscule non suivi d'un point : « l'indication **85 F** figurait sur l'étiquette ».

c) MADAME

1. On écrit **Madame** en entier et avec une majuscule quand ce mot s'adresse à la destinataire : « Chère **Madame**... Veuillez agréer, **Madame**... » et, sur une enveloppe, **Madame** Leblond, suivi ou non de l'adresse.

2. L'abréviation de **Madame** est **Mme** et s'emploie devant le nom d'une tierce personne : « J'en ai informé **Mme** Duparc. »

3. Le pluriel de **Mesdames** s'abrège en **Mmes**.

d) MADEMOISELLE

1. On écrit **Mademoiselle** en entier et avec une majuscule quand ce mot s'adresse à la destinataire : « Chère **Mademoiselle**... Croyez, **Mademoiselle**... » et, sur une enveloppe, **Mademoiselle** Leroux, suivi ou non de l'adresse.

2. L'abréviation de **Mademoiselle** est **Mlle** et s'emploie devant le nom d'une tierce personne : « Nous le ferons savoir à **Mlle** Roy. »

3. Le pluriel **Mesdemoiselles** s'abrège en **Mlles**.

e) MONSIEUR

1. On écrit **Monsieur** en entier et avec une majuscule quand ce mot s'adresse au destinataire : « Cher **Monsieur**... Soyez assuré, **Monsieur**... » et, sur une enveloppe, **Monsieur** Lebrun, suivi ou non de l'adresse.

2. L'abréviation de **Monsieur** n'est pas « Mr » à l'anglaise, mais bel et bien **M.** (une majuscule suivie d'un point) et s'emploie devant le nom d'une tierce personne : « Nous l'avions dit à votre collègue, **M.** Leduc. »

3. Le pluriel **Messieurs** s'abrège en **MM.** (deux majuscules suivies d'un point).

2°) A l'accoutumée

Cette expression signifie : **comme de coutume, comme d'habitude**. Il n'est donc pas nécessaire de l'alourdir en la faisant précéder du mot **comme**.

3°) Années...

En France, on parle souvent des « années folles » pour désigner la décennie s'étendant de 1920 à 1929. C'est aux États-Unis qu'est née l'expression « the Twenties » traduite en français par « les années vingt ». Par extension, on parlera des « années cinquante » à propos de la décennie allant de 1950 à 1959. Il est donc facile de comprendre que ce mode d'expression concerne obligatoirement le chiffre des **dizaines** de tout millésime. Il est donc absurde de parler, comme le font certains, des « années (19)**65** », par exemple, pour la bonne et simple raison qu'il n'y a eu dans l'histoire qu'**une seule** année portant ce millésime !

4°) Antipodes

C'est par erreur que des gens mal informés emploient ce terme pour désigner une région très lointaine, même si, comme le Japon, elle est située dans le même hémisphère que la France. La Nouvelle-Zélande est aux **antipodes** de l'Espagne parce que ces deux pays sont **diamétralement opposés**, ce qui n'est pas du tout le cas de la France et du Japon ou des îles Hawaii.

5°) Colmater

Remontant à l'italien **colmare** signifiant **combler**, le verbe **colmater** constitue un doublet inutile de ce dernier. N'est-il pas possible de le remplacer par **boucher, fermer, combler** ?

6°) *Étymologie et glissements de sens*

a) DÉCIMER
A l'origine, ce verbe signifiait : punir de mort **une personne sur dix**. Le sens moderne, très élargi, remonte au siècle dernier.

b) HÉCATOMBE
Ce nom remonte au grec **hekatombê**, désignant le sacrifice de **cent bœufs**, puis d'un grand nombre d'animaux et, par extension, le massacre d'un grand nombre de **personnes**.

c) RUTILER
Remontant au latin **rutilare** signifiant « rendre **rouge** », ce verbe a pour premier sens : briller d'un éclat **rouge** ardent. Par extension, il signifie : briller d'un **vif** éclat. Cela étant, mieux vaut quand même parler de l'éclat **rutilant** d'un **rubis** que de celui d'un saphir ou d'une émeraude.

7°) *La notion de temps et la notion d'espace*

Les deux étant souvent intimement liées, on ne s'étonnera pas d'entendre dire :

a) « **Depuis** Dijon, je n'ai croisé que deux camions » dans le sens de : depuis **le moment** de mon passage à Dijon.

b) « Ce cycliste a dû rouler à plat **pendant** trois kilomètres » dans le sens de : pendant **le temps** qu'il a mis à parcourir trois kilomètres.

8°) *Quelques sources de confusion*

a) BIMENSUEL, BIMESTRIEL

1. Une revue **bimensuelle** paraît **deux fois par mois**.

2. Une revue **bimestrielle** paraît **tous les deux mois**, tout comme une revue **trimestrielle** paraît **tous les trois mois**. Cette comparaison permet de ne pas la confondre avec une revue **bimensuelle**.

b) CISEAU, CISEAUX

1. **Un ciseau** est un instrument fait d'une lame d'acier trempé dont l'une des extrémités est taillée en biseau et qui sert à travailler le bois, le fer, la pierre ou le marbre.

2. **Des ciseaux** sont un instrument de métal à deux branches dont on se sert pour couper du papier, du tissu, etc.

c) CONCAVE, CONVEXE

Plus d'un lycéen a connu bien des déboires pour avoir oublié un jour d'examen qu'une lentille **concave** est **creuse** sans associer cet adjectif aux noms **cave**, **caverne** et **cavité**. Le contraire de **concave** est **convexe** qui, cela va de soi, signifie **bombé**.

d) COÛTER, VALOIR

Ces verbes ne sont nullement synonymes. C'est ainsi qu'un tableau d'une grande **valeur** peut n'avoir **coûté** qu'une bouchée de pain à un acquéreur perspicace et chanceux. Inversement, un faux tableau, qui ne **vaut** presque rien, peut fort bien avoir **coûté** très cher à un acheteur naïf ou mal conseillé.

e) DEVOIR, FALLOIR

Le verbe **devoir** a au moins deux sens : « Il **doit** partir » indiquant une **probabilité** ou une **obligation**. Dans ce dernier cas, il est conseillé, pour éviter toute équivoque, d'employer le verbe **falloir** et de dire : « **Il faut** qu'il parte. »

f) FRIGIDAIRE, RÉFRIGÉRATEUR

Le nom **Frigidaire** appartenant à la société General Motors, il est fortement déconseillé de l'employer à tout propos dans le sens de **réfrigérateur**.

g) MEURTRE, ASSASSINAT

Le **meurtre** est un crime dont l'auteur a tué volontairement, mais **sans préméditation**, souvent sous l'effet d'un violent accès de colère, ce qui n'est pas le cas de l'**assassinat** comme celui du roi Henri IV par Ravaillac. La confusion de ces deux termes, qui ne sont ni synonymes ni interchangeables, peut être lourde de conséquences.

h) SURVIE, SURVIVANCE

La survie est le **prolongement** de l'existence au-delà d'un certain terme. La survivance est **ce qui subsiste** d'un ancien état : la **survivance** de certaines coutumes.

i) TRANSPARENT, TRANSLUCIDE

1. Est **transparent** ce qui, comme une vitrine, se laisse traverser par la lumière et permet de **distinguer nettement** les objets à travers son épaisseur.

2. Est **translucide** ce qui, tel le verre dépoli, laisse passer une **lumière diffuse**, mais ne permet pas de distinguer les objets.

II. ORTHOGRAPHIE

Quoi qu'en disent les infatigables « réformateurs » qui, d'ailleurs, ne sont même pas d'accord entre eux, dix longues années d'études bien menées devraient suffire, à qui a la chance de n'être pas aveugle, pour constater comment les mots s'écrivent et s'accordent entre eux.

LES DIVERS ASPECTS
ET LES VÉRITABLES CAUSES DU
MASSACRE DE L'ORTHOGRAPHE

A l'ère atomique, le massacre de l'orthographe* est chez nous chose courante. Une mère d'élèves m'écrit : « *mais* enfants » et une autre : « *finit* les vacances » ! Sous la plume de trois lycéens de seconde, je lis : « la saison est *terminé*, des photos *dédicacé, envoi* les moi, j'ai *écris*, j'*avait parler*, je *travail*, je vais *allé* » et, pour couronner le tout : « je vous *avez dis* que j'ai *eut* mon brevet » (car il l'a eu !), monstruosité qui, traduite dans une langue étrangère comme l'italien, doit aboutir à un beau charabia !

Trop nombreux de nos jours, de tels exemples montrent que les accords grammaticaux les plus élémentaires sont les grandes victimes du massacre, catastrophe nationale qui semble avoir échappé à l'œil de lynx de nos « réformateurs » de tout poil qui, loin de chercher à les supprimer, s'en prennent en ordre dispersé à d'autres aspects de l'orthographe.

Les uns partent en guerre contre les sept pluriels du type de **bijoux, cailloux, poux,** dont viendrait tout le mal ! S'inspirant de l'italien *filosofo*, d'autres exigent qu'un philosophe français se transforme en « filosofe », oubliant que l'anglais, langue internationale par excellence, écrit pourtant **philosopher** sans grand dommage pour son expansion dans le monde entier. Certains déplorent la discordance entre **bonhomme** et **bonhomie**, **imbécile**

---

* *Le Figaro* du 22 mai 1989.

et **imbécillité**, **charrette** et **chariot**, sans daigner nous révéler par quel miracle ils réussissent à écrire ces six mots correctement. Serait-ce de l'égoïsme à l'état pur ? D'autres enfin voudraient supprimer des accents, ignorant que des légions de mineurs et d'adultes y ont depuis longtemps renoncé pour écrire paresseusement « eleve » les mots **élève** et **élevé**, parmi tant de victimes de cette monumentale désinvolture.

Si, comme le prétendent certains, notre orthographe (ou ortograf ?) est encombrée de lettres inutiles, comment expliquent-ils que des hordes d'étourdis « en rajoutent », transformant la bière, un steak, une échalote, un cauchemar, des crudités, l'étymologie, inonder et les Pyrénées en « bierre, steack, échalotte, cauchemard, cruditées, éthymologie, innonder, Pyrennées », comme on le lit si souvent ? Est-ce bien logique ?

L'argument (?) selon lequel les prétendues difficultés de notre orthographe décourageraient les étrangers ne tient pas quand on constate que, bien souvent, des élèves ayant récemment débarqué en France commettent moins de fautes que leurs camarades français pour la simple raison qu'ils font attention à ce qu'ils lisent et écrivent. Aurait-on oublié que, au siècle dernier, celui qui se tira le mieux de la difficile dictée de Prosper Mérimée fut un diplomate... autrichien qui ne fit que trois fautes contre des dizaines relevées sous la plume de Napoléon III et de ses invités français ?

Pourquoi nos hardis novateurs ne s'en prennent-ils pas aux noms propres ? Ils savent pourtant qu'il y a Dinan en Bretagne et Dinant en Belgique, Chalon-sur-Saône et Châlons-sur-Marne, Beaumarchais et Baudelaire, Bernard Hinault et les magasins Inno, Line Renaud et la régie Renault. Pour s'y retrouver parmi ces homophones, ne suffit-il pas d'un minimum d'attention ? Sans quitter ce domaine, était-il normal que ce fût à moi de révéler à des lycéens de seconde habitant Arcueil qu'ils avaient grand tort d'écrire ce nom « Arceuil » prononcé « art-seuil » ?

Il faut vraiment être aveugle pour ne pas remarquer que les mots les plus simples sont victimes du massacre, notamment quand les garçons français deviennent des « garcons francais » privés de leur cédille, dont des légions d'étourdis affubleront **merci** et **glacé** stupidement écrits « merçi » et « glaçé » ! Chaque jour, on constate le mépris des majuscules qui transforme Chine et Japon en « chine et japon ». Dans ce désordre, rares sont ceux qui savent que la majuscule s'impose dans « un illustre Grec », alors qu'il n'en faut pas dans « il parle grec » et « un navire grec ».

S'il y a un problème de l'orthographe, c'est donc dans ce gigantesque laisser-aller qu'il faut le chercher même au-delà du baccalauréat ! Et il est fâcheux que nos « réformateurs » n'aient pas pris la peine d'analyser les causes profondes et les aspects concrets de ce beau massacre... tout en réussissant à écrire de longs articles miraculeusement exempts de fautes graves ou légères, sans consentir à fournir leur recette magique à ceux qui la violent allégrement. Croient-ils vraiment que dix ou douze années d'études ne suffisent pas à tout Français d'intelligence moyenne pour constater comment les mots s'écrivent et s'accordent entre eux, ce privilège étant réservé à une infime minorité d'heureux élus gardant jalousement leur secret ?

Sans même s'en douter, les réformateurs de l'orthographe font peut-être moins le procès de l'orthographe que celui d'un enseignement boiteux trop souvent caractérisé par un apprentissage défectueux de la lecture et de la langue française, le tout aggravé par ce prodigieux laisser-aller qui sévit d'ailleurs dans bien d'autres domaines. Et le jour n'est sans doute pas loin où ils comprendront qu'il s'agit moins du problème de l'orthographe que de celui que posent les véritables causes du massacre que lui infligent des millions de cerveaux en chômage permanent, qui ne leur sauront jamais gré de leur touchant dévouement.

PROJETS DÉSORDONNÉS DE « RÉFORMES » ET ÉLUCUBRATIONS EN TOUS GENRES*

Dans un livre finement intitulé *Que vive l'ortografe***, des réformateurs se lancent à l'assaut de l'orthographe (en onze lettres !) sans daigner nous expliquer par quel miracle ils réussissent à ne la point violer, ni reconnaître que les fautes les plus scandaleuses portent sur les accords grammaticaux les plus élémentaires.

En voici de jolis spécimens glanés en France cet été : « Comment *ce passe* ces vacances en ce *belle* été ? », « Pour qu'il *est* son bachot », « La copine que j'*ais rencontré* ». Et un grand magasin d'alimentation accumule sept fautes en quatorze mots en invitant ses clients à « présenter *leur* sacs et cabas *ouvert a* la caisse *ou* une *verification seras effectué* ». Hélas, ignorant cet aspect quotidien du massacre, nos réformateurs s'attaquent notamment au nom *ville*, qu'ils prétendent bizarrement raccourcir en « vile », en opposition avec Deauville, Villeneuve, Brazzaville, etc. Est-ce bien utile et bien raisonnable ?

Nos réformateurs auraient-ils oublié que la France n'est qu'une nation francophone parmi une trentaine ? Et sont-ils sûrs que des Sénégalais ou des Ivoiriens normalement scolarisés défigurent l'orthographe du français avec une telle désinvolture ? Tous ces pays francophones suivraient-ils docilement le nôtre s'il décidait stupidement de la chambouler sans grand profit pour personne ? Qu'on imagine la pagaille qui s'installerait dans le monde fran-

---

* *Le Figaro* du 26 septembre 1989.
** Par J. Leconte et Ph. Cibois, Le Seuil.

cophone si Québécois, Suisses romands, Gabonais, etc., refusaient d'adopter des élucubrations orthographiques ou... ortografik qui n'auraient cours qu'en France ?

Aveugles aux énormes fautes de type grammatical aussi répandues que « il a *parler* » et « il va *chanté* », nos réformateurs s'en prennent donc avant tout à la graphie de mots isolés souvent peu usuels comme **athée** et **trophée** qui, perdant leur intolérable voyelle finale, deviendraient demain « athé » et « trophé »... tout en conservant ces affreux « th » et « ph » maudits par tant de réformateurs et qui, sur la couverture du livre, sont malicieusement biffés pour donner « ortografe ». Bizarre...

Suggérer de supprimer certains accents est d'autant plus inutile que des millions de cerveaux au chômage s'en sont déjà chargés, transformant paresseusement **répété** en « repete », amputant au passage les noms propres de leur majuscule : « alice et gaston en espagne » (...) La voilà donc accomplie la vraie réforme de l'orthographe. A bas, nous dit-on, les consonnes doubles qui alourdissent la grammaire et le commerce ! Mais l'anglais les conservera dans *grammar* et *commerce* sans grand dommage pour sa primauté dans le monde. Pourquoi n'y avoir pas pensé ? Mystère...

Dans notre beau pays où les analphabètes dûment scolarisés se comptent par millions et où les classes de sixième accueillent vingt-cinq pour cent d'illettrés, n'est-il pas plus urgent de mettre un terme à cette catastrophe nationale que de bouleverser l'orthographe ?

Pour la respecter, il suffit d'ouvrir les yeux afin de constater comment les mots s'écrivent et de réfléchir une fraction de seconde pour les accorder entre eux. Est-ce assez clair ? Eh bien, non ! Ne reculant devant aucune absurdité, de beaux esprits déclarent sans rire : « L'orthographe, c'est du fascisme ! » Dans un tract diffusé en 1985 à des milliers d'exemplaires, un enseignant dénonçait cette maudite orthographe comme « un instrument pédant de ségrégation sociale », argument stupide repris en gros quatre ans plus tard par les immortels auteurs de *Que vive l'ortografe*.

Dans l'ensemble, celle-ci serait donc respectée par les « nantis » — et les auteurs de ce livre qui, pourtant, n'en sont pas — et massacrée par les « damnés de la terre »... bien que les uns et les autres aient suivi pendant au moins dix ans le même type d'enseignement ! Comment peut-on déraisonner ainsi et mépriser à ce point les « masses populaires » dont on prétend se faire l'avocat bénévole, tout en ignorant que le laisser-aller et la paresse d'esprit qui aboutissent à cette hécatombe sévissent dans toutes les couches de la société ? De surcroît, pour des raisons autres que sociales, l'orthographe est plus que jamais malmenée au baccalauréat, à la licence et dans certaines thèses de doctorat ! Car on n'arrête pas le progrès.

Multiples sont les VÉRITABLES causes de ce massacre généralisé : un apprentissage défectueux de la lecture, de l'écriture, de la langue française, de sa grammaire et de son orthographe, ainsi qu'une prodigieuse désinvolture et un refus de tout effort, même minime. Or, pour mettre fin à cette calamité, les mesures préconisées par nos réformateurs seraient à peu près aussi efficaces que des bains de pieds pour guérir des cancéreux. En un mot, du charlatanisme à l'état pur.

Et si ces messieurs obtenaient demain gain de cause, imaginez un peu les frais considérables se chiffrant en milliards de francs très lourds qu'entraînerait dans l'édition ce gigantesque chambardement... sans qu'il en coûte un centime à nos bonnes âmes réformatrices ! Et au profit de qui ? Certainement pas de ceux qui, mettant leur cerveau en veilleuse, continueraient joyeusement de défigurer les mots les plus simples et de violer les accords grammaticaux les plus élémentaires, mais au détriment de ceux, riches ou pauvres, qui se donnent la peine de la respecter et qui, perdus demain dans ce maquis d'innovations inutiles et coûteuses, en arriveraient, à leur tour, à accumuler les fautes !

LES TROIS ACCENTS

1°) *L'accent aigu*

On écrit notamment :

allègre, mais **allégrement** ;
avènement, mais **événement** ;
clémence et **clément**, mais **Clemenceau** ;
extrême, mais **extrémité** ;
fidèle, mais **fidélité** ;
lisière, mais **liséré**.

N.B. Bien que très répandue, la prononciation « liseré » est fautive.

misère, mais **misérable**, **miséreux** et **commisération** ;
nègre, mais **négresse** et **négrier** ;
rebelle, mais **rébellion** ;
reclus, mais **réclusion**.

N.B. On n'entend que trop souvent dire « rebellion » à la radio comme à la télévision.

remède et **remédier**, mais **irrémédiable** ;
reproche, mais **irréprochable** ;

répartir et **répartition**, mais **repartir** (retourner et répliquer) et **repartie** (réplique).

> *N.B.* Le nom **repartie** doit donc se prononcer comme le participe passé du verbe **repartir** et non celui du verbe **répartir**.

sèche (adjectif féminin), mais **séchage** et **sécheresse** ;
suprême, mais **suprématie** ;
tenace, mais **ténacité**.

> *N.B.* La prononciation « tenacité », si souvent entendue sur nos ondes, est erronée.

2°) L'accent grave

On écrit notamment :

a (forme conjuguée du verbe **avoir**) et **à** (préposition) :
Denise **a** longtemps vécu **à** Strasbourg ;
ça la concerne, mais **çà** et **là** ;
cela, mais **voilà** ;
ou (conjonction de coordination) et **où** (adverbe) : Sais-tu **où** il est ? — J'ignore s'il est en classe **ou** à la maison ;
pélican, mais **pèlerin** et **pèlerine**.

3°) L'accent circonflexe

On écrit notamment :

abîme, **abîmer** et **dîme**, mais **cime**, **infime** et **sublime** ;

aîné, chaîne et **traîne,** mais **aine, laine** et **naine** ;

arôme, mais **aromate, aromatique** et **aromatiser** ;

bâbord, mais **abord, aborder, sabord** et **saborder** ;

bâche, fâcher, lâche, mâche et **tâche** (travail), mais **hache, tache** (souillure) et **vache** ;

bâcler et **renâcler,** mais **racler** ;

bâiller (de sommeil), mais **bailler** (vous me la **baillez** belle) ;

bellâtre, bleuâtre, verdâtre, etc., mais **pédiatre** et **psychiatre** ;

bête, bêtise et **abêtir,** mais **hébété** ;

une **boîte, boîtier,** mais **boiter** et **boiteux** ;

châle et **châlit** (bois de lit), mais **chalet** ;

châsse (coffret) et **châssis,** mais **chasse** (au gibier) ;

château et **Châteaubriant** (ville), mais **Chateaubriand** (écrivain) ; **gâteau, râteau** et **râtelier,** mais **bateau, plateau, ratissage** et **ratisser.**

N.B. C'est avec surprise qu'on constate que nombre de gens écrivent « bâteau » avec un accent circonflexe nullement justifié par la prononciation de ce mot.

côlon (intestin), mais **colon** (dans une colonie) ;

cône, mais **conifère, conique** et **zone** ;

côte (os, rivage, pente), mais **coteau** et **cote** (marque, chiffre) ;

crêpe, mais **crépu** ;

crû (verbe croître), mais **accru, cru** (adjectif), **cru** (verbe croire) et **cru** (vignoble) ;

dépôt, mais **dépotoir** et **dévot** ;

diplôme, mais **diplomate** ; **dôme,** mais **atome** et **tome** ;

dû (verbe devoir), mais **du** (article), **due** et **dues** (féminin singulier et pluriel de **dû**) ;

épître, mais **chapitre, pitre** et **pupitre** ;

une **forêt,** mais un **foret** ;

fraîche, mais frais ;

un fût, mais une futaie et une futaille ;

gîte, mais site ;

genêt (plante), mais genet (cheval) ;

goût, dégoût et ragoût, mais bagout et égout ;

hâler (bronzer), mais haler (remorquer) ;

infâme, mais infamant, infamie et fameux ;

jeûner, mais déjeuner ;

mu (lettre grecque), mais mû (verbe mouvoir) ;

mûr (adjectif), mais un mur ;

le nôtre (pronom possessif), mais notre (adjectif possessif) ;

pêcher (arbre, pratiquer la pêche), mais pécher (faillir) ;

pêle-mêle, mais je pèle ;

piqûre, mais cure ;

poêle, mais moelle ;

pôle, mais polaire et polariser ;

prêter, mais interpréter ;

pylône, mais cyclone ;

rôder (errer), mais roder (user) ;

soûl et soûler, mais saoul et saouler ;

sûr (certain), mais assurer, sur (acide) et sur (préposition) ;

symptôme, mais symptomatique ;

tâter, mais tatillon ;

trône et trôner, mais introniser ;

le vôtre (pronom possessif), mais votre (adjectif possessif).

REMARQUE 1. **Châsse, châssis** et leurs dérivés sont les seuls mots de la langue française où l'on trouve un accent sur une voyelle suivie d'une consonne double.

REMARQUE 2. Contrairement à une idée reçue assez répandue, **havre, Le Havre** et **navré** ne prennent pas d'accent circonflexe.

REMARQUE 3. Dans le mot **piqûre**, qui est le seul où « **qu** » soit suivi d'une consonne, on remarquera l'accent circonflexe sur le « **u** » pour compenser la disparition de celui du suffixe **-ure**.

REMARQUE 4. Sauf pour les verbes du premier groupe, la troisième personne du singulier de l'imparfait du subjonctif ne se distingue de celle du passé simple de l'indicatif que par l'**accent circonflexe**. Exemples :

VERBES	PASSÉ SIMPLE DE L'INDICATIF	IMPARFAIT DU SUBJONCTIF
finir	il **finit**	(qu') il **finît**
gémir	il **gémit**	(qu') il **gémît**
faire	il **fit**	(qu') il **fît**
devoir	il **dut**	(qu') il **dût**
savoir	il **sut**	(qu') il **sût**
croire	il **crut***	(qu') il **crût**
pouvoir	il **put**	(qu') il **pût**
avoir	il **eut**	(qu') il **eût**
être	il **fut**	(qu') il **fût**

* Pour se distinguer du verbe **croire**, le verbe **croître** fait **crût** au passé simple : il **crut** (verbe **croire**) à mon histoire ; la plante **crût** (verbe **croître**) rapidement.

EMPLOI DES MAJUSCULES

1°) *Dans le domaine géographique*

Prennent une **majuscule** les noms de **continents**, de **pays**, de **régions**, de **départements**, de **villes**, de **montagnes**, de **mers**, de **lacs**, de **cours d'eau**, etc. D'où : l'**Europe** et l'**Asie**, le **Japon**, la **Bretagne**, le **Finistère**, de **Brest** à **Saint-Nazaire**, les **Alpes**, le mont **Carmel**, la **Manche** et l'océan **Atlantique**, le lac **Léman**, le golfe **Persique**, le cap **Vert**.

> *REMARQUE.* Les **adjectifs** prennent la **majuscule** dans la **Haute**-Volta, la **Basse**-Normandie, la **Haute**-Loire, **Basse**-Terre, le mont **Blanc**, la mer **Morte**, le lac **Salé**.

2°) *Prénoms et patronymes*

Pierre Corneille, Olivier Guichard, Louis Malle.
Le nom **corneille** sans majuscule désigne un **oiseau**, **olivier** n'est pas un prénom mais un **arbre** fruitier, **malle** est un **bagage**, etc.

> *N.B.* Fréquent chez de tout jeunes écoliers qui n'ont pas encore appris le « dessin » des majuscules, l'emploi généralisé et abusif de la minuscule est dû à un laisser-aller aussi fâcheux qu'envahissant.

3°) *Noms de dynasties et d'habitants*

Les **Capétiens**, les **Valois** et les **Bourbons**, les **Européens**, les **Libyens**, les **Normands**, les **Mayennais**, les **Marseillais**.

REMARQUE. On opposera, écrits avec une **majuscule**, un **Français** et un **Italien**, noms désignant des **citoyens**, à un écrivain **français** et un peintre **italien**, simples **adjectifs** écrits avec une **minuscule**, tout comme les noms communs le **français** et l'**italien** désignant ces deux **langues**. D'où : cet **Allemand**, qui habite un canton **suisse**, parle le **français**. On écrira avec une **minuscule** : je suis **français**, il est **espagnol**, elle est **suisse** (l'adjectif), et non **Suissesse** (le nom). Avec une **minuscule**, « le **français** est difficile » signifie que la **langue française**, également avec une minuscule, est ardue. Avec une **majuscule**, « le **Français** est difficile » veut dire que, dans un restaurant étranger, par exemple, le touriste français est exigeant. C'est uniquement avec une **majuscule** qu'on écrira : « le **Belge** est difficile, l'**Autrichien** est difficile, le **Brésilien** est difficile », car il n'existe pas de langue belge, autrichienne ou brésilienne. Dans ces trois cas, il ne peut donc s'agir que des **personnes**.

4°) *Noms d'étoiles, de planètes, de divinités, de fêtes*

De **Sirius** à **Uranus**, le **Créateur** et la **Providence**, de la **Toussaint** à **Noël**.

5°) Noms d'institutions, de sociétés savantes ou politiques, etc.

L'**État** et l'**Église**, le **Sénat** et l'**Assemblée** nationale, l'**Académie** française, la **Légion** d'honneur, le ministère de l'**Intérieur**.

REMARQUE. Avec une **minuscule** : les **états** généraux, l'**état** des finances. Mais les finances de l'**État** avec une **majuscule** trop souvent ignorée.

6°) Noms de points cardinaux désignant des régions géographiques bien particulières

Les pays de l'**Est**, les départements de l'**Ouest**, les gens du **Midi**.

7°) Noms de rues, de monuments, de vaisseaux, d'œuvres d'art, etc.

La rue du **Sabot**, l'avenue des **Pins**, le **Colisée**, le **Titanic**, l'**Angelus** de Millet.

8°) *Noms de titres et de dignités*

J'ai rencontré **Sa Majesté** ; j'ai l'honneur, Monsieur le **Sénateur**... Veuillez agréer, Madame le **Président**.

9°) *La « minusculite »*

Les adultes affectés par cette maladie écrivent sans complexe que « jean-françois tartempion », habitant « saint-malo », ira passer ses vacances en « provence », puis en « italie ». Quelle originalité ! Quelle profondeur ! Quel superbe mépris des mesquines conventions !

Mais d'où vient donc, au juste, cette prétentieuse « minusculite », ce snobisme de faux esthètes ? Cette mode ridicule est issue d'un canular d'adeptes du « dadaïsme » qui, il y a environ trois quarts de siècle, professaient avec humour que tous les mots étaient égaux et que le privilège de la majuscule devait être aboli. Par dérision, ils s'amusaient à imprimer leurs manifestes sur du papier de boucherie ou d'emballage, où les phrases s'entrecroisaient et se chevauchaient en tous sens. Et, s'il arrivait que les « dadas » eussent recours à la majuscule, c'était pour glorifier non plus la première, mais la dernière lettre du mot, écrivant, par exemple, « franciS picabiA, tristaN tsarA », etc.

Il n'y a donc aucune raison de tomber dans le panneau en imitant sottement ce que Robert Ricard appelle justement « cette farce d'atelier que les snobs, qui sont toujours graves et ne savent pas sourire, ont prise pour argent comptant et qui s'étend aux titres génériques des émissions de télévision qui se veulent "culturelles". Ce n'est pas une élégance, mais un héritage de jobarderie compliqué d'une faute d'orthographe*. »

En conclusion, mieux vaut écrire en employant des **majuscules** que **Jean-François Tartempion**, habitant **Saint-Malo**, ira passer ses vacances en **Provence**, puis en **Italie**. Quant aux nombreux élèves qui, au bout de plusieurs années d'études, ignorent encore cette règle élémentaire, notamment en ce qui concerne la façon correcte d'écrire leur prénom, qui n'est ni « charles », ni « olivier », aucune loi n'interdit de la leur révéler, même tardivement...

---

* *Vie et Langage*, n° 167, février 1966.

PARMI LES MOTS-PIÈGES
DE MÊME PRONONCIATION
(HOMOPHONES)

ACÉTIQUE, ASCÉTIQUE

a) Né du latin **acetum** désignant le vinaigre, l'adjectif **acétique** qualifie l'**acide** auquel ce dernier doit sa saveur caractéristique.

b) L'adjectif **ascétique** est formé sur le nom **ascète**, du mot grec **askêtes**, désignant une personne qui se consacre aux exercices de piété, de mortification et mène une **vie austère** : la vie de Rossini n'avait rien d'**ascétique**.

ACQUIS, ACQUIT

a) Tout comme **conquis** et **requis**, le mot **acquis**, participe passé du verbe **acquérir**, se termine par un « **s** » : bien mal **acquis** ne profite jamais ; c'est chose **acquise**.

b) Écrit avec un « **t** », le nom **acquit** est de la famille du verbe **acquitter** signifiant rendre **quitte** : pour **acquit** ; par **acquit** de conscience.

APPAS, APPÂT

Les **appâts** du pêcheur ne sont pas des **appas** féminins.

AU TEMPS, AUTANT

a) Le premier est un **commandement** donné dans les casernes et les gymnases et qui signifie qu'il faut revenir **au temps**, soit au moment précis où l'on doit faire certains mouvements. L'expression **au temps** se retrouve mot pour mot dans l'italien **al tempo**.

b) Le mot **autant** est un adverbe marquant l'**égalité** de quantité, de qualité, d'intensité : travailles-tu **autant** que moi ?

BAILLER, BÂILLER, BAYER

a) Écrit **sans accent circonflexe**, le verbe **bailler** est un mot vieilli signifiant **donner**. On le rencontre encore aujourd'hui dans des expressions comme : tu nous la **bailles** belle, ainsi que dans son dérivé un **bailleur** : il reçut de l'argent de son **bailleur** de fonds.

b) Écrit **avec un accent circonflexe**, le verbe **bâiller** remonte au latin **batare**, ouvrir la bouche, par l'intermédiaire de son dérivé **bataculare** : évite de **bâiller** pendant les discours.

c) Variante de **béer** (*cf.* bouche **bée**), le verbe **bayer** est un double du précédent et ne se rencontre plus guère que dans l'expression **bayer** aux corneilles.

BAN, BANC

Ne pas confondre, d'une part : le **ban** de la société, en rupture de **ban** et, de l'autre : le **banc** des accusés, qui désigne un **siège**.

CAHOT, CHAOS

a) Un **cahot** est un **saut** fait par un véhicule sur un chemin ou un terrain inégal.

b) Le **chaos** est synonyme de **désordre** et de **confusion**.

CEINT, SAIN, SAINT, SEIN, SEING

a) **Ceint** est le participe passé du verbe **ceindre** signifiant **entourer**.

b) Un air **sain** est **salubre** ; un homme **sain** est en **bonne santé**.

c) Un **saint** homme a une **vie exemplaire**.

d) Un **sein** est une **mamelle**.

e) Un **seing** est une **signature**, mot de même famille.

CELLIER, SELLIER

a) Un **cellier** est une **pièce fraîche** où l'on entrepose vin et provisions.

b) Un **sellier** est un artisan qui fabrique des **selles**.

CENSÉ, SENSÉ

a) **Censé** signifie **considéré** comme : nul n'est **censé** ignorer la loi.

b) **Sensé** est celui qui a du **bon sens**.

CESSION, SESSION

a) Une **cession** est l'action de **céder** : la **cession** d'un bail.

b) Le nom **session** est de la même famille que **siéger** et **séance** : l'ouverture de la **session** parlementaire.

CHEMINEAU, CHEMINOT

a) Un **chemineau** est un **mendiant** vagabond.

b) Un **cheminot** est un employé des **chemins de fer**.

CHŒUR, CŒUR

Le **chœur** de l'église ne se situe pas au **cœur** de l'édifice.

COMTE, COMPTE, CONTE

a) **Comte** est un titre de **noblesse**.

b) Un **compte** est une **évaluation**.

c) Un **conte** est un **récit**.

(IL) CONFIERA, CONFIRA

Le premier est le **futur** du verbe **confier** ; le second est celui du verbe **confire**, utilisé en cuisine.

COR, CORPS

D'une part : à **cor** et à cri ; de l'autre : à **corps** perdu.

COU, COUP

Donneriez-vous un **coup** de pied avec le **cou**-de-pied ?

CUISSEAU, CUISSOT

On distinguera un **cuisseau** de **veau** d'un **cuissot** de **gros gibier**, tel que le cerf, le chevreuil, le sanglier.

(IL) DÉCRIERA, DÉCRIRA

Le premier est le **futur** du verbe **décrier** signifiant **dénigrer** ; le second est celui du verbe **décrire**.

DÉGOÛTER, DÉGOUTTER

a) Le verbe **dégoûter** contient le nom **dégoût** : tout le **dégoûte**. Le participe présent et l'adjectif s'écrivent **dégoûtant** : une mixture **dégoûtante**.

b) Le verbe **dégoutter** contient le nom **goutte** : l'eau **dégoutte** de cette gouttière. Le participe présent et l'adjectif s'écrivent **dégouttant** : un pétale **dégouttant** de rosée.

DÉLACER, DÉLASSER

a) Opposé à **lacer**, le verbe **délacer** signifie **desserrer** ou défaire un **lacet** : **délacer** ses chaussures.

b) Opposé à **lasser**, le verbe **délasser** signifie **ôter la lassitude** : mieux vaut te **délasser** dans un profond fauteuil.

(IL) DÉLIERA, DÉLIRA

Le premier est le **futur** du verbe **délier** ; le second est le **passé simple** du verbe **délirer**.

DÉTONER, DÉTONNER

a) Le verbe **détoner** signifie **exploser** bruyamment et avec une grande vitesse de décomposition; d'où un mélange **détonant**.

b) Le verbe **détonner** signifie entre autres **contraster, choquer** : cette bicoque **détonne** dans notre beau quartier.

DIFFÉREND, DIFFÉRENT

a) Le mot **différend**, terminé par un « **d** », est un **nom** désignant un **débat**, une **contestation** : un grave **différend** oppose ces deux familles.

b) Le mot **différent**, terminé par un « **t** », est un **adjectif** synonyme de **dissemblable** : ce texte est assez **différent** de l'original.

ÉPICER, ÉPISSER

a) Le verbe **épicer** signifie assaisonner avec des **épices**.

b) Le verbe **épisser** signifie **assembler** deux cordages ou deux câbles en entrelaçant les torons qui les composent.

EXAUCER, EXHAUSSER

a) Le verbe **exaucer** signifie **accomplir, réaliser** : vos vœux seront bientôt **exaucés**.

b) Le verbe **exhausser** a le sens de **surélever** : ce bâtiment sera **exhaussé** de deux ou trois étages.

FLAN, FLANC

Le nom de la pâtisserie appelée **flan** est totalement étranger à un tire-au-**flanc**, par exemple.

FOND, FONDS

Aucun rapport entre un **fond** de bouteille et un **fonds** de commerce.

HEUR, HEURE

a) Le nom masculin **heur**, du latin **augurum**, signifiant **présage**, s'emploie dans l'expression avoir l'**heur** de plaire, revenant à dire avoir la **chance** de plaire.

b) Le nom féminin **heure**, du latin **hora**, désigne soit une unité de **temps** : une **durée** de deux **heures**, soit un **point** dans le temps : il est deux **heures**.

HORS, OR

a) La préposition **hors** signifie **au-delà de** : **hors** série, **hors** jeu.

b) La conjonction **or** marque une **transition** d'une idée à l'autre : **or**, il était trop tard pour appareiller.

MAROCAIN, MAROQUIN

a) Ce qui est **marocain** est relatif au **Maroc**.

b) Doublet du précédent, le **maroquin** est une **peau** de chèvre, de mouton, tannée, teinte et souvent grainée.

MARTYR, MARTYRE

Le nom **martyr**, écrit sans « **e** », désigne l'homme qui subit un **martyre**, écrit avec un « **e** ». Le féminin d'un **martyr** est une **martyre**.

PALIER, PALLIER

a) Le nom **palier** désigne une **plate-forme** entre deux volées d'un escalier : deux portes donnent sur le **palier**.

b) Le verbe **pallier** signifie n'apporter qu'une solution de fortune au moyen d'un **palliatif** : comment **pallier** la pénurie de ravitaillement ?

PLAIN, PLEIN

a) Apparenté à **plan**, l'adjectif **plain**, du latin **planus** signifiant **plat, uni**, se retrouve dans **plain**-chant et l'expression de **plain**-pied.

b) L'adjectif **plein**, du latin **plenus**, s'oppose à **vide** : il faut vider le trop-**plein** de ce récipient.

PLAINTE, PLINTHE

a) Le nom **plainte** est associé au verbe (se) **plaindre** : il faudra porter **plainte**.

b) Le nom **plinthe** désigne une **bande**, une **saillie** au bas d'un mur ou à la base d'une colonne.

PLAN, PLANT

Bien respecter l'orthographe du premier terme dans un **plan** de bataille et celle du second dans un **plant** de vigne.

PLASTIC, PLASTIQUE

Le **plastic** (nom) est un explosif **plastique** (adjectif).

PLUS TÔT, PLUTÔT

a) **Plus tôt** signifie : **avant** le moment présent ou celui dont on parle : il s'est réveillé **plus tôt** que toi.

b) **Plutôt**, en un seul mot, signifie **de préférence** : **plutôt** mourir que se rendre.

POIDS, POIS, POIX

a) Le nom **poids** est associé à l'adjectif **pesant** : un argument de **poids**.

b) Le nom **pois** désigne un **légume** : des petits **pois** au lard.

c) Le ncm **poix** désigne une **substance résineuse** agglutinante : jadis, les assiégés déversaient souvent de la **poix** bouillante sur l'ennemi.

PRÈS, PRÊT

a) La locution prépositive **près de** s'oppose à **loin de** : j'habite **près** de la gare ; ce conflit n'est pas **près** de finir.

b) **Prêt à** signifie **disposé à, décidé à** : est-il **prêt** à partir ?

QUAND, QUANT

a) Employé comme conjonction ou comme adverbe, le

mot **quand** a une valeur **temporelle : quand** se décidera-t-il à rembourser ses dettes ?

b) La locution prépositive **quant à** signifie : **en ce qui concerne**. Exemple : **quant** à moi, je préfère m'abstenir. Le mot **quant** se retrouve dans le nom composé **quant-à-soi** ; rester sur son **quant-à-soi** signifie **garder ses distances**.

QUELQUE, QUEL QUE

a) En tant qu'**adjectif indéfini**, le mot **quelque** s'accorde en nombre avec le nom auquel il se rapporte : n'aurais-tu pas commis **quelque** larcin ? Le père de l'empereur d'Allemagne Guillaume II ne régna que **quelques** mois.

b) Employé comme adverbe dans le sens de **si** ou d'**environ**, le mot **quelque** est, bien entendu, **invariable** : **quelque** nombreuses que soient ses qualités, il n'est pas certain de réussir ; ce véhicule peut transporter **quelque** quarante passagers.

c) Les formes **quel que, quelle que, quels que** et **quelles que**, en deux mots, se rencontrent directement devant un verbe employé au subjonctif ou devant un pronom personnel sujet : **quel que** soit ton poids ; je m'attendais à une réaction, **quelle qu'**elle fût ; **quels que** soient les avantages ; **quelles que** soient leurs ambitions.

QUOIQUE, QUOI QUE

a) Écrite en **un seul mot**, la conjonction **quoique** est synonyme de **bien que** ou d'**encore que** : **quoique** la défaite militaire fût probable, le Führer s'obstinait encore à parler de victoire ; elle reste encore active, **quoique** très malade.

b) On écrit **quoi que** en deux mots pour dire **quelle que soit la chose que** : **quoi que** tu puisses lui dire, elle ne changera pas d'avis ; **quoi qu'**il en soit ; **quoi qu'**il advienne.

(IL) RELIERA, RELIRA

Le premier est le **futur** du verbe **relier** ; le second est celui du verbe **relire**.

REPAIRE, REPÈRE

a) Un **repaire** sert de **retraite** à des bêtes sauvages, des brigands et autres malfaiteurs : ce ravin est un **repaire** de serpents.

b) Un **repère** est une **marque**, un **jalon** permettant de se **repérer** : cette borne vous servira de **repère** ; on peut utiliser quelques points de **repère**.

RÉVEIL, RÉVEILLE

On écrit un **réveil**, mais un **réveille**-matin.

RIS, RIZ

Bien distinguer sur un menu le **ris** de veau du **riz** au gras.

SATIRE, SATYRE

La **satire**, qui ridiculise ses victimes, ne s'écrit pas comme le **satyre**, qui s'en prend à leur vertu.

SEOIR, SOIR

Contrairement au nom le **soir**, le verbe **seoir**, signifiant **bien aller, convenir à**, s'écrit avec un « **e** », comme **asseoir** et **surseoir**.

(IL) SOUFFRE, (LE) SOUFRE

a) Le malade **souffre** avec deux « **f** », comme dans **souffrir** et **souffrance**.

b) Le **soufre**, métalloïde de couleur jaune, s'écrit avec un seul « **f** ».

STATUE, STATUT

a) Le nom féminin **statue** désigne l'œuvre d'un **sculpteur**.

b) Le nom masculin **statut** désigne un **texte** portant fixation de garanties fondamentales : le **statut** des fonctionnaires.

SUBI, SUBIT

a) **Subi**, dont le féminin est **subie**, est le participe passé du verbe **subir** : dans quelle prison a-t-il **subi** sa peine ?

b) **Subit**, dont le féminin est **subite**, est un adjectif qualificatif signifiant **brusque, soudain** : un changement **subit** de situation.

TAIN, TEINT, THYM

a) Le nom **tain**, altération d'**étain**, est un amalgame de ce métal qu'on applique **derrière une glace** pour qu'elle réfléchisse la lumière.

b) Le mot **teint** est à la fois le participe passé du verbe **teindre** et un nom masculin : cette jeune fille a un **teint** de pêche.

c) Le **thym** est un **aromate** et un **condiment**.

TRIBU, TRIBUT

a) Le nom féminin **tribu** désigne une **collectivité** : une **tribu** indienne.

b) Le nom masculin **tribut** désigne ce qu'une collectivité doit **payer** en signe de dépendance : le vainqueur exigea un lourd **tribut**.

VOIE, VOIX

On distinguera, d'une part, la **Voie** lactée et la **voie** officielle et, de l'autre, une **voix** cassée et (d') une **voix** unanime.

VOIR, VOIRE

On distinguera le verbe **voir** de l'adverbe **voire**, signifiant **et aussi, et même** : cette enquête prendra des mois, **voire** des années.

SUFFIXES DE MÊME PRONONCIATION QUI DIFFÈRENT PAR LEUR ORTHOGRAPHE

1°) *Mots terminés par* -ant *ou* -ent

L'orthographe des mots ci-dessous — de même prononciation — diffère selon qu'il s'agit soit d'un **participe** présent (terminaison **-ant**), soit d'un **adjectif** ou d'un **nom** (terminaison **-ent**). D'où :

adhérer :	(en) **adhérant**, mais (un) **adhérent**.
affluer :	(en) **affluant**, mais (un) **affluent**.
converger :	(en) **convergeant**, mais **convergent**.
différer :	(en) **différant**, mais **différent**.
diverger :	(en) **divergeant**, mais **divergent**.
équivaloir :	(en) **équivalant**, mais (un) **équivalent**.
exceller :	(en) **excellant**, mais **excellent**.
influer :	(en) **influant**, mais **influent**.
négliger :	(en) **négligeant**, mais **négligent**.
précéder :	(en) **précédant**, mais (un) **précédent**.
présider :	(en) **présidant**, mais (un) **président**.
résider :	(en) **résidant**, mais (un) **résident**.

N.B. On distinguera un **résidant**, qui **réside** dans un lieu, d'un **résident**, qui vit **à l'étranger**.

somnoler :	(en) **somnolant**, mais **somnolent**.
violer :	(en) **violant**, mais **violent**.

REMARQUE. On écrit de la même façon le participe présent (en) **obligeant** et l'adjectif **obligeant**.

117

2°) *Noms terminés par* -geance *ou* -gence

a) On écrit avec un « **a** » devant le « **n** » : **allégeance, engeance, obligeance, vengeance.**

b) On écrit avec un « **e** » devant le « **n** » : **agence, convergence, diligence, divergence, exigence, indulgence, intelligence, négligence, tangence, urgence.**

3°) -cant *ou* -quant

a) L'orthographe des mots ci-dessous — de même prononciation — diffère selon qu'il s'agit, soit d'un **adjectif** ou d'un **nom** (-**cant**), soit d'un **participe présent** (-**quant**). Dans ce dernier cas, le radical de l'infinitif reste inchangé, sauf pour le verbe **convaincre**. D'où :

communiquer :	**communicant**, mais (en) **communiquant.**
convaincre :	**convaincant**, mais (en) **convainquant.**
fabriquer :	(un) **fabricant**, mais (en) **fabriquant.**
provoquer :	**provocant**, mais (en) **provoquant.**
suffoquer :	**suffocant**, mais (en) **suffoquant.**
vaquer :	**vacant**, mais (en) **vaquant.**

b) Le nom ou l'adjectif et le participe présent s'écrivent **de la même façon** dans :

attaquer :	(un) **attaquant** et (en) **attaquant.**
choquer :	**choquant** et (en) **choquant.**
manquer :	**manquant** et (en) **manquant.**
pratiquer :	(un) **pratiquant** et (en) **pratiquant.**
trafiquer :	(un) **trafiquant** et (en) **trafiquant.**

4°) -gant ou -guant

L'orthographe des mots ci-dessous — de même prononciation — diffère selon qu'il s'agit soit d'un **adjectif** ou
d'un **nom** (-gant), soit d'un **participe présent** (-guant).
Dans ce dernier cas, le radical de l'infinitif reste inchangé.
D'où :

fatiguer : **fatigant**, mais (en) **fatiguant.**
intriguer : **intrigant**, mais (en) **intriguant.**
naviguer : **navigant**, mais (en) **naviguant.**

5°) Noms terminés par -cage ou -quage

a) S'écrivent avec un « **c** » devant le suffixe **-age** :

bloquer :	blocage.	parquer :	parcage.
décortiquer :	décorticage.	plaquer :	placage*.
mastiquer :	masticage.	plastiquer :	plasticage**.

b) Conservent le radical du verbe :

astiquer :	astiquage.	matraquer :	matraquage.
braquer :	braquage.	piquer :	piquage.
claquer :	claquage.	remorquer :	remorquage.
marquer :	marquage.	repiquer :	repiquage.

* Au rugby, on écrit aussi **plaquage**.
** On écrit aussi **plastiquage**.

6°) Noms terminés par -gage ou -guage

a) Le « **u** » du radical n'apparaît pas devant le suffixe
-age :

draguer : dragage. élaguer : élagage.	larguer : largage. tanguer : tangage.

b) Une seule exception :

baguer : baguage

D'où la distinction orthographique entre **baguage**, action de **baguer**, et **bagage**, qu'on emporte en voyage.

7°) *Adjectifs terminés par* -cable *ou* -quable

a) La terminaison **-cable** se retrouve notamment dans les adjectifs suivants :

appliquer :	applicable.	expliquer :	explicable.
communiquer :	communicable.		implacable.
confisquer :	confiscable.		inextricable.
convoquer :	convocable.	pratiquer :	praticable.
évoquer :	évocable.	révoquer :	révocable.

b) Le « **qu** » du radical se retrouve dans :

attaquer :	attaquable.	(manquer) :	immanquable.
critiquer :	critiquable.	remarquer :	remarquable.

8°) *Adverbes en* -amment *ou* -emment

Rien de plus simple que cette règle si souvent ignorée :

a) Si un adjectif se termine par **-ant**, l'adverbe qui en dérive se termine par **-amment**, où se retrouve le « **a** » de l'adjectif. Exemples :

brillant : brillamment.	galant : galamment.
bruyant : bruyamment.	méchant : méchamment.
constant : constamment.	puissant : puissamment.
courant : couramment.	savant : savamment.
élégant : élégamment.	vaillant : vaillamment.

b) Si un adjectif se termine par **-ent**, l'adverbe qui en dérive se termine par **-emment**, où se retrouve le « **e** » de l'adjectif. Exemples :

apparent : apparemment.	innocent : innocemment.
décent : décemment.	intelligent : intelligemment.
différent : différemment.	négligent : négligemment.
éminent : éminemment.	patient : patiemment.
évident : évidemment.	récent : récemment.
fréquent : fréquemment.	violent : violemment.

9°) *Noms terminés par* -ission *ou* -ition

a) On écrit avec deux « **s** » : **fission, scission** et **admission, émission, mission, permission, soumission,** etc., cette règle s'appliquant aux nombreux dérivés du verbe **mettre**.

b) Dans tous les autres cas, on écrit **-ition**, avec un « **t** ». Exemples : **apparition, édition, finition, partition,** etc.

10°) *Noms terminés par* -ussion *ou* -ution

a) On écrit avec deux « **s** » : **concussion, discussion, percussion** et **répercussion**.

b) Dans les autres cas, on écrit **-ution** avec un « **t** ». Exemples : **allocution, évolution, exécution, persécution, pollution, restitution, rétribution,** etc.

PARMI LES VICTIMES POTENTIELLES

1°) *Parmi les mots contenant plus d'une fois* une *consonne double*

Il n'est pas rare qu'une de ces consonnes soit escamotée par négligence. On notera, entre autres :

accommoder, raccommoder	commissionnaire
appellation[1]	débarrasser, embarrasser
assommer, assommoir	essouffler, essoufflement
atterrer, atterrir	garrotter[3]
ballotter, ballottage[2]	illettré[4]
carrosse, carrosserie, carrossier	occurrence[5]

1. Assez fréquente, la graphie fautive « appeller » ne se justifie pas par la prononciation de ce verbe.
2. Le nom **ballottage** est souvent amputé d'un « **t** » par les médias.
3. A opposer au nom **carotte** et au verbe **carotter**.
4. La fausse graphie « illétré » n'est que trop fréquente.
5. Deux « **r** » comme dans **concurrence**, moins souvent malmené.

2°) *Emploi du « s »*

a) Parmi les « **s** » intervocaliques prononcés « **s** ».
En règle générale, un « **s** » intervocalique se prononce

« z », comme dans **base** (« baze »), **désarmer** (« dézarmer »), **dosage** (« dozage »), **résolu** (« rézolu »). Mais il est des cas où, entre deux voyelles, il se prononce néanmoins « **s** », notamment après un préfixe. Exemples :

asepsie	désuet[1]	monosyllabe	resucée
asexué	dysenterie	parasol	susurrer
asocial	entresol	resaler	vraisemblable

1. Fréquente est l'erreur consistant à le prononcer « dézuet ».

b) Au singulier en fin de mot.

1. On notera les participes passés **absous** et **dissous** qui, au féminin, font pourtant **absoute** et **dissoute**.

2. Il n'est pas rare que certains amputent les noms **corps**, **mets**, **puits**, **rets** et **temps** de leur -s final, s'imaginant sans doute qu'il est uniquement la marque du pluriel.

3. Cette remarque s'applique aux trois noms d'oiseaux que voici : **choucas**, **courlis**, **tétras** qui, malgré les apparences, ne sont pas des pluriels.

FORMES VERBALES

1°) *De l'indicatif au subjonctif*

a) Trop souvent, on peut lire « (qu') il croit » et « (qu') il voit » censés représenter les verbes **croire** et **voir** au **subjonctif présent**, alors qu'il faut écrire (qu') il **croie** et (qu') il **voie**. Il est donc utile de dissocier la forme que revêtent à ce temps ces deux verbes de celle qui est la leur à l'**indicatif présent** en les opposant également au **subjonctif** du verbe **être**. D'où, aux trois personnes du singulier :

INDICATIF PRÉSENT		SUBJONCTIF PRÉSENT		
CROIRE	VOIR	ÊTRE	CROIRE	VOIR
je **crois**	je **vois**	(que) je **sois**	(que) je **croie**	(que) je **voie**
tu **crois**	tu **vois**	(que) tu **sois**	(que) tu **croies**	(que) tu **voies**
il **croit**	il **voit**	(qu') il **soit**	(qu') il **croie**	(qu') il **voie**

b) Il n'est pas rare que, au **présent du subjonctif**, les deux premières personnes du pluriel des verbes **être** et **avoir** soient affublées d'un « **i** » superfétatoire, ce qui donne « soyions » et « soyiez » au lieu de **soyons** et **soyez**

124

et « ayions » et « ayiez » au lieu d'**ayons** et **ayez**. Il est donc opportun de les opposer à l'**imparfait de l'indicatif** de certains verbes, d'où :

INDICATIF IMPARFAIT	SUBJONCTIF PRÉSENT
VOIR nous **voyions***, vous **voyiez***	ÊTRE (que) nous **soyons**, (que) vous **soyez**
RAYER nous **rayions***, vous **rayiez***	AVOIR (que) nous **ayons**, (que) vous **ayez**

* Ces formes sont les mêmes au **subjonctif présent** : (que) nous **voyions** et (que) vous **voyiez**, (que) nous **rayions** et (que) vous **rayiez**.

2°) Le radical des *verbes se terminant en* -guer

Malgré ce qu'on serait tenté de croire, la graphie « **ga** », qui serait pourtant phonétiquement suffisante (*cf.* **portugais**), fait place à -**gua**, le radical du verbe restant inchangé. D'où :

endiguer : on n'écrit pas (j') « endigais », mais (j') **endiguais**.
intriguer : on n'écrit pas (tu) « intrigas », mais (tu) **intriguas**.
narguer : on n'écrit pas (il) « narga », mais (il) **nargua**.
naviguer : on n'écrit pas (ils) « navigaient », mais (ils) **naviguaient**.

3°) Devant un « e » *muet* : -èle *ou* -elle

a) On écrit avec un seul « **1** » et l'adjonction d'un **accent grave** sur le « **e** » qui le précède :

celer :	(je) cèle[1].	harceler :	(je) harcèle.
ciseler :	(tu) cisèles.	marteler :	(tu) martèles.
démanteler :	(il) démantèle.	modeler :	(il) modèle.
écarteler :	(ils) écartèlent.	peler :	(ils) pèlent.
geler :	(elles) gèlent[2].		

1. De même que pour **déceler** et **receler**.
2. De même que pour **congeler, dégeler, regeler** et **surgeler**.

REMARQUE. Très logiquement, on retrouve la **consonne simple** dans les noms **cisèlement, démantèlement, écartèlement, harcèlement, martèlement.**

b) On double le « **1** » dans les verbes suivants :

amonceler :	(j') amoncelle.	grommeler :	(tu) grommelles.
atteler :	(tu) attelles.	morceler :	(il) morcelle.
chanceler :	(il) chancelle.	museler :	(ils) musellent.
ensorceler :	(ils) ensorcellent.	niveler :	(je) nivelle.
épeler :	(j') épelle*.	renouveler :	(tu) renouvelles.
étinceler :	(il) étincelle.	ressemeler :	(il) ressemelle.
ficeler :	(ils) ficellent.	ruisseler :	(ils) ruissellent.

* Opposer : (j') **épelle** (verbe **épeler**) à (je) **pèle** (verbe **peler**).

REMARQUE. On retrouve la **consonne double** dans les noms **amoncellement, ensorcellement, étincelle, ficelle, grommellement, morcellement, musellement, nivellement, renouvellement, ruissellement, semelle.**

4°) Devant un « e » *muet : -ète ou -ette*

a) On écrit avec un seul « t » et l'adjonction d'un **accent** grave sur le « e » qui le précède :

acheter : (j') **achète.**	fureter : (il) **furète.**
crocheter : (tu) **crochètes.**	haleter : (ils) **halètent.**

REMARQUE. On retrouve la **consonne simple** dans le nom **halètement.**

b) On double le « t » dans les verbes suivants :

banqueter : (je) **banquette.**	étiqueter : (tu) **étiquettes.**
becqueter : (il) **becquette.**	feuilleter : (il) **feuillette.**
cacheter : (ils) **cachettent.**	jeter : (ils) **jettent*.**
épousseter : (j') **époussette.**	souffleter : (on) **soufflette.**

* Même règle pour les verbes **déjeter, interjeter, projeter, rejeter, surjeter.**

REMARQUE. On retrouve la **consonne double** dans le nom **étiquette.**

5°) *Apparition de deux « i » consécutifs*

Aux deux premières personnes du pluriel de l'**imparfait de l'indicatif** et du **présent du subjonctif**, le « i » final du radical est directement suivi de celui du suffixe. D'où : vous **riiez**, nous **liions**, nous **suppliions**, vous **repliiez**.

UNE SOURCE D'ERREURS :
-OTE(R) OU -OTTE(R)

La trop fréquente déformation de l'**échalote** en « écha-lotte » sur les menus de nos restaurants montre la nécessité de dresser le tableau ci-dessous, qui se limite volontaire-ment à moins de soixante mots usuels souvent défigurés. On remarquera que la voyelle « o » est suivie bien plus souvent d'un seul « t » que de deux, ce qui prouve une fois de plus que massacrer l'orthographe équivaut bien souvent à la compliquer sans raison, alors qu'elle est quand même plus simple qu'il n'y paraît, le rapport étant ici de trois contre un.

LE « O » EST SUIVI D'UN SEUL « T »			IL EST SUIVI DE DEUX « T »
asticoter	empoter	paillote	biscotte
barboter	ergoter	parlote	cagnotte
bécoter	escamoter	picoter	calotte
bergamote	falote	poivrote	carotte
camelote	fiérote	popote	garrotter
chipoter	gargote	ravigote	gavotte
chuchoter	gigoter	sangloter	gélinotte
clapoter	grignoter	siffloter	gibelotte
clignoter	jugeote	suçoter	grelotter
compote	ligoter	tapoter	pâlotte*
crachoter	manchote	trembloter	quenotte
échalote	matelote	tripoter	quichenotte
emmailloter	mijoter	vivoter	vieillotte

* On opposera utilement **pâlotte** à **falote**.

REMARQUE. Trois mots peuvent prendre un ou deux « t ». Ce sont : **barbote** ou **barbotte** (l'autre nom du poisson appelé **loche**) et les verbes **dégoter** ou **dégotter**, **margoter** ou **margotter** (crier comme une caille).

VARIANTES ORTHOGRAPHIQUES

Plusieurs centaines de mots possèdent deux graphies, voire davantage, qui n'en altèrent en rien la prononciation. Sont donc exclus de cette liste des appariements dérogeant à cette règle tels que **remailler** et **remmailler**, qui ne sont pas homophones car leurs préfixes se prononcent respectivement « **re-** » et « **ren-** ».

---

accon, acon (un petit bateau)
aérolithe, aérolite (synonyme ancien de météorite)
aéthuse, éthuse (la petite ciguë)
aiche, êche, esche (un appât)
aïoli, ailloli (un coulis d'ail pilé avec de l'huile d'olive)
akène, achaine (fruit sec à une seule graine)
alaise, alèse (drap plié)
alcotest, alcootest
anchoïade, anchoyade (purée d'anchois provençale)
apsara, apsaras (déesse secondaire asiatique)
ariser, arriser (diminuer la surface d'une voile)
aulne, aune (arbre également appelé **verne** ou **vergne**)
aussière, haussière (un cordage)
avaloir, avaloire (sangle pour le cheval)
bacchantes, bacantes (moustaches populaires)
bagou, bagout (grande facilité de parole)
baïram, bayram (fête musulmane suivant le ramadan)
balèze, balaise (grand et fort en langage populaire)
balluchon, baluchon (paquet de linge ou de vêtements)

---

barbote, barbotte (autre nom du poisson appelé **loche**)

bardot, bardeau (hybride d'un cheval et d'une ânesse)

baronet, baronnet (titre héréditaire anglais)

becquet, béquet (petit papier collé sur une page)

béluga, bélouga (un cétacé)

biocénose, biocoénose (association végétale et animale équilibrée)

biscaïen, biscayen (basque espagnol)

bisou, bizou (un baiser familier)

bisexué, bissexué (synonyme d'hermaphrodite)

bistro, bistrot (débit de boissons en langage familier)

bizut, bizuth (élève entrant dans une grande école)

boette, boëte, bouette (un appât)

boghei, boguet (cabriolet découvert à deux roues)

bogie, boggie (un chariot à deux essieux)

bolchevique, bolchevik

borchtch, bortsch (un potage russe à la crème aigre)

borin, borain (du Borinage, en Belgique)

boucaud, boucot (la crevette grise)

briscard, brisquard (un soldat chevronné)

broutard, broutart (un veau qui a brouté de l'herbe)

burèle, burelle (terme d'héraldique)

câbleau, câblot (un petit câble)

cacahouète, cacahuète (fruit ou graine de l'arachide)

cacatoès, kakatoès (perroquet australien)

caesium, césium (un métal alcalin)

cafetan, caftan (manteau long porté au Proche-Orient)

caïeu, cayeu (un bulbe secondaire)

calife, khalife (titre de souverain musulman)

canisse, cannisse (une tige de roseau)

cañon, canyon (une vallée étroite en gorge)

carbonade, carbonnade (une sorte de ragoût)

cari, cary, curry (une épice et un plat de viande)

carnotset, carnotzet (en Suisse, une cave où l'on boit entre amis)

cénesthésie, coenesthésie (ensemble de nos sensations internes)

cénure, coenure (ténia du chien)

chacone, chaconne (une danse lente à trois temps)

chah, shah (souverain iranien)

chamérops, chamaerops (le palmier nain)

chanlate, chanlatte (un chevron refendu)

chardonay, chardonnay (un cépage bourguignon et champenois)

chateaubriand, chateaubriant (tranche de filet de bœuf grillé)

chausse-trape, chausse-trappe (un piège)

chebec, chebek (un bateau barbaresque)

chevaine, chevesne (un poisson d'eau douce)

chorde, corde (ébauche d'épine dorsale de l'embryon)

chordé, cordé (animal à axe gélatineux dorsal)

chtonien, chthonien (relatif aux divinités de la terre)

cimaise, cymaise (une moulure)

cirre, cirrhe (une vrille de certaines plantes)

clé, clef

clephte, klephte (un montagnard grec opposé aux Turcs)

cleptomane, kleptomane (personne qu'une impulsion pousse à voler)

congaï, congaye (femme ou jeune fille vietnamienne)

contrapuntiste, contrapontiste (compositeur de musique)

coquard, coquart (ecchymose à l'œil en langage populaire)

cryolithe, cryolite (fluorure d'aluminium et de sodium)

cuiller, cuillère

cylindraxe, cylindre-axe (synonyme d'**axone**)

débucher, débuché (terme de vénerie)

défens, défends (interdiction de pratiquer des coupes de bois)

dégasoliner, dégazoliner (épurer un gaz naturel)

dégoter, dégotter (découvrir en terme familier)

dessoûler, dessaouler (faire cesser l'ivresse)

draine, drenne (espèce de grive)

drège, dreige (un filet de pêche)

duffel-coat, duffle-coat (un manteau trois quarts)

dysidrose, dyshidrose (trouble de la sécrétion de sueur)

écoumène, oekoumène (partie habitable de notre globe)

elaeis, eleis (un palmier)

élodée, hélodée (une plante d'eau douce)
emmental, emmenthal (variété de gruyère)
enraiement, enrayement (arrêt accidentel d'un mécanisme)
équipollé, équipolé (terme d'héraldique)
erpétologie, herpétologie (l'étude des reptiles)
escarre, esquarre (terme d'héraldique)
et cetera, et caetera
fait-tout, faitout (une sorte de marmite)
faramineux, pharamineux (extraordinaire)
fedayin, feddayin (guerillero palestinien)
fioul, fuel (combustible liquide)
flegmon, phlegmon
fléole, phléole (graminacée fourragère)
foehn, föhn (un vent du sud)
foëne, fouëne (un gros harpon)
gâble, gable (un pignon décoratif)
gaiement, gaîment
gaieté, gaîté
geindre, gindre (un ouvrier boulanger)
gilde, ghilde, guilde (association de marchands)
giraumon, giraumont (une variété de courge)
gléchome, glécome (le lierre terrestre)
goulache, goulasch (un ragoût apprêté à la hongroise)
gourou, guru (un maître spirituel)
goï, goy (non-juif pour les israélites)
grizzli, grizzly (un ours gris nord-américain)
grole, grolle (une chaussure en langage populaire)
guai, guais (se dit d'un hareng sans œufs ni laitance)
guette, guète (tourelle de château fort)
gueuse, gueuze (variété de bière belge)
hainuyer, hennuyer (de la province belge du Hainaut)
haschisch, haschich, hachisch
hautin, hautain (une vigne cultivée en hauteur)
hawaiien, hawaïen
hercher, herscher (pousser à bras une berline dans une mine)
hièble, yèble (une espèce de sureau)
hippie, hippy

homoncule, homuncule (un petit homme)

horsain, horsin (occupant d'une résidence secondaire)

huard, huart (au Canada, le plongeon arctique)

ichtyose, ichthyose (une maladie de peau)

ilote, hilote (un esclave à Sparte)

imprésario, impresario

jamaïcain, jamaïquain

jaquemart, jacquemart (un automate qui frappe les heures)

jaquier, jacquier (un arbre fruitier)

jerrican, jerricane (un bidon d'une vingtaine de litres)

kabbale, cabale (tradition juive ou science occulte)

kannara, canara (une langue dravidienne)

karakul, caracul (un mouton d'Asie centrale)

kasher, casher, cacher (se dit d'un aliment conforme à la Loi juive)

kéfir, képhir (une boisson faite de lait fermenté)

khamsin, chamsin (un vent analogue au sirocco)

kola, cola (un fruit exotique)

kolkhoz, kolkhoze (coopérative agricole soviétique)

koumis, koumys (un lait fermenté analogue au képhir, ou kéfir)

kouros, couros (statue de jeune homme grec)

labri, labrit (un chien de berger)

laïc, laïque (non clérical)

lause, lauze (une dalle couvrant des bâtiments)

lettone, lettonne (relative à la Lettonie)

lis, lys

lisse, lice (un fil de lin ou de métal)

lissier, licier (un métier manuel)

litchi, lychee (arbre et fruit exotiques)

lombago, lumbago

lotte, lote (poisson)

maelström, malstrom (un gouffre, un tourbillon)

maërl, merl (sable calcaire des rivages)

maffia, mafia

maharaja, maharadjah (prince feudataire de l'Inde)

maïeur, mayeur (bourgmestre rural en Belgique)

mamie, mamy (néologisme envahissant pour **grand-mère**)

margoter, margotter (crier comme une caille)
mariole, mariolle (malin, roublard en langage populaire)
maure, more (relatif aux Sahariens de l'Ouest)
mauresque, moresque
melaena, méléna (émission de sang noir)
melkite, melchite (chrétien de Syrie ou d'Égypte)
microlithe, microlite (outil de pierre préhistorique)
miserere, miséréré (un psaume)
mixer, mixeur (appareil électro-ménager)
moere, moëre (une langue maritime des Flandres)
molasse, mollasse (un grès tendre)
moufette, mouffette (synonyme de **sconse**)
moye, moie (partie tendre d'une pierre dure)
mufti, muphti (interprète officiel de la loi musulmane)
narguilé, narghilé (une pipe orientale)
negondo, negundo (un érable nord-américain)
nélombo, nelumbo (genre de nymphéacée)
nippone, nipponne (synonyme de **japonaise**)
nucléus, nucleus (bloc de pierre dont on a extrait des éclats)
oolithe, oolite (un corps minéral sphérique)
orang-outan, orang-outang
ostiak, ostyak (langue de la Sibérie occidentale)
ostrogoth, ostrogot (relatif à d'anciens Germains)
oust, ouste (façon cavalière de chasser quelqu'un)
pagaille, pagaïe (familièrement, le désordre)
paie, paye
paiement, payement
panatela, panatella (un cigare de La Havane)
pantenne, pantène (filet pour prendre les oiseaux)
papy, papi (néologisme envahissant pour **grand-père**)
parafe, paraphe (trait de plume accompagnant la signature)
parhélie, parélie (un phénomène lumineux)
pechère, peuchère (interjection méridionale)
pélamide, pélamyde (poisson synonyme de **bonite**)
perpète, perpette (perpétuité dans le langage populaire)
phylloxéra, phylloxera (puceron et maladie de la vigne)
pied-fort, piéfort (pièce de monnaie de flan épais)
pied-droit, piédroit (montant vertical d'une voûte)

piémont, piedmont (une plaine alluviale)

plastiquage, plasticage (mode de destruction)

pochouse, pauchouse (matelote de poissons au vin blanc)

pogrom, pogrome (action antisémite)

pomoerium, pomerium (zone sacrée autour des villes romaines)

porté, porter (mouvement chorégraphique)

pou-de-soie, pout-de-soie, poult-de-soie (un tissu)

pragois, praguois (relatif à Prague)

prêle, prèle (plante des lieux humides)

prétantaine, prétentaine

pudding, pouding (un entremets sucré)

rab, rabe (abréviation de « rabiot »)

raja, rajah, radjah (un prince indien)

rancart, rencart, rencard (renseignement argotique, rendez-vous populaire)

rapsode, rhapsode (chanteur de la Grèce antique)

rapsodie, rhapsodie (composition musicale)

rayia, raïa (sujet non musulman en terre ottomane)

redan, redent (ouvrage de fortification)

relax, relaxe (familièrement, décontracté)

reversi, reversis (un jeu de cartes)

rhétique, rétique (relatif à la Rhétie, région alpine)

rigaudon, rigodon (air et danse d'origine provençale)

riquiqui, rikiki (familièrement, étriqué)

romsteck, rumsteck

rondo, rondeau (forme instrumentale ou vocale)

rookerie, rookery (rassemblement de manchots en terre polaire)

ruffian, rufian (un homme débauché)

sacquer, saquer (familièrement, chasser, renvoyer)

samouraï, samurai (guerrier japonais)

saoul, soûl

saouler, soûler

schéol, shéol (séjour des morts dans la Bible)

senne, seine (nappe de filets de pêche)

seringa, seringat (arbuste et fleur)

shantung, chantoung (un tissu)

shogun, shogoun (chef militaire japonais)
shrapnel, shrapnell (un obus chargé de balles)
sissonne, sissone (un saut de danseur)
sixain, sizain (une strophe de six vers)
smala, smalah (réunion de tentes arabes)
solifluxion, solifluction (glissement de sol)
sottie, sotie (genre littéraire satirique)
soûlaud, soûlot (populairement, ivrogne)
spart, sparte (genre de papilionacée)
stem, stemm (virage de skieur)
stras, strass (du verre coloré)
sutra, soutra (un précepte sanskrit)
taïaut, tayaut (le cri du veneur)
talith, tallith (châle rituel des israélites)
talweg, thalweg (ligne de pente maximale d'une vallée)
tanin, tannin (substance d'origine végétale)
taniser, tanniser (ajouter du tanin à un vin)
tanrec, tenrec (insectivore de Madagascar)
tarbouch, tarbouche (bonnet rouge des Ottomans)
tâte-vin, taste-vin (tube ou petite tasse)
teck, tek (un arbre exotique)
tee-shirt, T-shirt
télougou, telugu (une langue dravidienne)
ténia, taenia (ver parasite de l'intestin)
teocalli, teocali (éminence artificielle au Mexique)
téorbe, théorbe (un grand luth)
terril, terri (grand tas de déblais près d'une mine)
thermoïonique, thermoionique (synonyme de **thermo-électronique)**
thiophène, thiofène (hétérocycle à cinq atomes)
tôle, taule (prison populaire)
tôlier, taulier (populairement, patron d'hôtel borgne)
tome, tomme (un fromage)
tomette, tommette (une brique plate)
toquante, tocante (une montre populaire)
toquard, tocard (familièrement, un mauvais cheval)
touchau, toucheau (une étoile d'or ou d'argent)
toungouse, toungouze (langue proche du turc et du mongol)

trainglot, tringlot (familièrement, militaire du train)
train-train, traintrain (la routine)
trégorrois, trégorois (relatif à Tréguier, ville de Bretagne)
trescheur, trécheur (terme d'héraldique)
trimbaler, trimballer
tripous, tripoux (plat de tripes et de pieds de mouton)
truc, truck (un wagon en plate-forme)
truquage, trucage
tsar, tzar
tsarine, tzarine
tsigane, tzigane
tupaïa, tupaja (insectivore d'Asie)
tuthie, tutie (oxyde de zinc)
ukase, oukase (un édit du tsar)
uléma, ouléma (théologien musulman)
ululer, hululer (crier comme un rapace nocturne)
urdu, ourdou (langue officielle du Pakistan)
velarium, vélarium (grande toile formant tente amovible)
velche, welche (pour les Allemands, français ou italien)
ventail, ventaille (partie de la visière d'un casque)
vlan, v'lan
wilaya, willaya (division administrative de l'Algérie)
yack, yak (un bovin tibétain)
yogourt, yoghourt
yourte, iourte (tente en feutre des Mongols)
zanni, zani (bouffon de la comédie italienne)
zawiya, zaouïa (complexe religieux islamique)
zig, zigue (type, individu).

AU RAYON DES « ANOMALIES »

Les noms propres, notamment les patronymes, ont souvent leurs caprices. Les Allemands ont des **Schmidt** et des **Schmitt**, les Anglais des **Spencer** et des **Spenser**, les Français **Lefèvre** et **Lefebvre**, **Périer** et **Perrier**, **Renaud** et **Renault**, sans oublier les prénoms **Danièle** et **Danielle**, **Mathieu** et **Matthieu**, etc.

Il en va de même de certains noms communs français dont la graphie, en raison de certains avatars, n'est pas conforme à la « logique ». C'est là une véritable aubaine pour les vigilants « réformateurs », grands pourfendeurs de l'orthographe qui, prenant l'exception pour la règle, la critiquent en bloc sans lui épargner leurs sarcasmes. Voici donc quelques exemples de ces « anomalies » dont viendrait tout le mal. On opposera utilement :

affolement à **follement** ; **agrandir** à **aggraver** ;
attraper et **chausse-trape** à **trappe** ; **baril** à **barrique** ;
bonhomie à **bonhomme** ; **boursoufler** à **souffler** ;
chariot à **charrette** et **charrue** ; **combatif** à **combattant** ;
comptine à **conte** ; **dessiller** à **cil** ; **enjôler** à **geôle** ;
imbécillité à **imbécile** ; **innomé** à **innommable** ;
magazine à **magasin** ; **métempsycose** à **psychose** ;
persifler à **siffler** ; **vantail** à **éventail**.

Enfin, autre scandale, le nom **temps** a conservé le **-s** final du latin **tempus**, alors que celui de **campus** ne se retrouve ni dans **camp**, ni dans **champ** ! Et pourtant, par la force de l'habitude, des millions de francophones ont toujours correctement écrit ces trois mots sans même se rendre compte de cette monumentale injustice !

Or, en ayant scrupuleusement identifié ces graphies irrationnelles et en sachant correctement écrire tous ces mots, les réformateurs prouvent, sans le vouloir, qu'un tel exploit est à la portée de quiconque a bénéficié d'un enseignement adéquat, tout en sachant mobiliser son attention. Cette constatation se passe de tout commentaire.

COMPLICATIONS GRATUITES

Assez paradoxalement, il arrive que des gens qui se plaignent de la complexité de notre orthographe aient tendance à ajouter des lettres superfétatoires. Parmi les principales victimes de cet excès de zèle, figurent entre autres les mots suivants :

ABASOURDI

Ceux qui, par erreur, écrivent ce mot « abassourdi » à l'image du verbe **assourdir** commettent de surcroît une faute de prononciation, transformant en « sour » la troisième syllabe qui se dit « **zour** ».

ABCÈS

Ce mot est trop souvent écrit « abscès » avec un second « **s** », comme dans **abscisse**.

ABSENCE, ABSENT

A l'image du précédent, ces deux mots sont fréquemment déformés en « abscence » et « abscent ».

ACCOLADE, ACCOLER

Contrairement au nom **colle**, auquel ils ne sont nullement apparentés, ces deux mots s'écrivent avec un seul « l », ce qui exclut les graphies « accollade » et « accoller ».

AFFOLER

Contrairement au mot **folle**, ce verbe ne prend qu'un « l ». Il ne faut donc pas l'écrire « affoller ». Même remarque pour le verbe **raffoler**.

140

AGRANDIR

Si le verbe anglais **to aggrandize** s'écrit avec deux « g », le verbe français **agrandir** n'en prend qu'un, ce qui exclut la graphie « aggrandir » influencée par **aggraver**.

APERCEVOIR

Ne pas doubler le « p » et écrire « appercevoir » à la façon des mots **appendice** et **appesantir**.

APPELER

En écrivant « appeller » avec deux « l » à la façon d'**interpeller**, on modifie la prononciation de ce verbe.

ASSONANCE

A la différence du verbe **sonner**, ce nom ne prend qu'un « n ».

ATMOSPHÈRE

Peut-être influencée par **athlète**, la graphie « athmosphère », avec un second « h », est à proscrire.

ATTRAPER

Contrairement au nom **trappe**, le verbe **attraper** ne prend qu'un « p », ce qui exclut « attrapper ». Même remarque pour **rattraper** et **rattrapage**.

AUXILIAIRE

Ne pas le déformer en « auxilliaire » en redoublant le « l », comme dans **maxillaire**.

BIÈRE

Assez nombreux sont les gens de tous âges qui, par erreur, écrivent « bierre » avec deux « r », à l'instar de **lierre** et de **pierre**.

BOURSOUFLER, BOURSOUFLURE

Les deux « f » du verbe **souffler** ne se retrouvent pas dans ces deux mots. Ne pas écrire « boursouffler » ni « boursoufflure ».

CAROTTE

A l'opposé de l'anglais **carrot** et du français **carrosse**, le nom **carotte** ne prend qu'un « **r** », ce qui exclut la graphie « carrotte ».

CARROUSEL

Contrairement à Cadet **Rousselle**, ce nom ne prend qu'un « **s** ». La fausse graphie « carroussel » entraîne une faute de prononciation, car la dernière syllabe ne se dit pas « sel », mais « **zel** »*.

CAUCHEMAR

Peut-être sous l'influence des adjectifs **cauchemardesque** et **cauchemardeux**, il arrive que ce mot soit, par erreur, écrit « cauchemard », avec un « **d** » superfétatoire qui n'est conforme ni à l'étymologie, ni à l'orthographe.

CHARIOT

Contrairement à **charrette** et **charrue**, ce mot ne prend qu'un « **r** ». Ne pas l'écrire « charriot ».

(JE) CONCLURAI

Il va de soi que (je) **conclurai** est la façon correcte d'écrire le futur du verbe **conclure**, ce qui exclut la forme fautive « concluerai », si fréquemment rencontrée aux examens et aux concours, et dont l'« **e** » superfétatoire est probablement influencé par celui de « remuerai », futur de **remuer**, verbe du premier groupe.

COURIR

Tout comme celui du verbe **mourir**, le radical de **courir** ne prend qu'un « **r** ». Ne pas écrire « courrir » sous l'influence de **nourrir** et de **pourrir**.

CRUDITÉ

Ce nom se termine comme **avidité** et **timidité**. Il n'y a donc pas lieu de l'écrire « cruditée », grossière faute

---

* Voir page 77.

d'orthographe qui défigure un trop grand nombre de menus de restaurants français.

DISSONANCE

A l'image d'**assonance** (voir plus haut) et contrairement au verbe **sonner,** ce nom ne prend qu'un « n » devant le suffixe.

DOLLAR

Est-ce sous l'influence des mots **lard, rigolard** et **cumulard** que trop de gens affublent le nom **dollar** d'un second « d » bien inutile, le transformant ainsi en « dollard », comme cela s'est vu plus d'une fois à la télévision française ?

ÉCHALOTE

Trop souvent, on peut lire sur les menus des restaurants français le mot « échalotte », alors qu'il ne prend qu'un « t », comme **belote** et **falote,** à l'opposé de **calotte** et de **Charlotte.**

ÉPOUMONER

Si l'on **sermonne** avec deux « n », on ne s'« époumonne » pas, mais on s'**époumone** avec un seul : Simone s'**époumone** à Crémone.

ERRONÉ

A la différence du mot **abonné,** l'adjectif **erroné** ne prend qu'un seul « n ». On se gardera donc d'écrire « erronné » avec deux consonnes doubles.

ESQUIMAU

Ne pas écrire « esquimeau » inspiré de **chameau** ou de **chalumeau.**

ÉTYMOLOGIE

Puisqu'il s'agit d'un mot savant d'origine grecque, certains croient bien faire en l'« enrichissant » d'un « h » pour en faire une « éthymologie » d'allure plus majestueuse. Or, contrairement à celui du **thym**, le « t » d'**étymologie** n'est pas suivi d'un « h ».

EXCLU

A l'opposé d'**inclus** (féminin : **incluse**), le mot **exclu** s'écrit sans « s ». Le féminin étant **exclue** (et non « excluse »), la fausse graphie « exclus » est indéfendable.

GIFLE, GIFLER

Peut-être influencées par le verbe **siffler**, les graphies « giffle » et « giffler » ne sont que trop courantes.

GLU

Comme les trois noms féminins **bru, tribu** et **vertu**, le nom **glu**, contrairement à l'anglais **glue**, ne se termine pas par un « e ».

HARASSER

Il faut rejeter la fausse graphie « harrasser » avec deux « r », sans doute influencée par les verbes **débarrasser** et **embarrasser.**

HYPOTÉNUSE

A la différence d'**hypothèse**, le nom **hypoténuse** ne prend qu'un « h ». Il faut donc se garder de l'écrire « hypothénuse ».

INOCULATION, INOCULER

Même remarque que pour les deux mots précédents. Ne pas écrire « innoculation » et « innoculer ».

INONDATION, INONDER

Est-ce sous l'influence des mots **innovation** et **innover** que certains affublent ces deux mots d'une consonne double, les déformant en « innondation » et « innonder », faute fréquente à la télévision française ?

INTÉRESSER

Ne pas écrire « interresser », faute assez fréquente peut-être due à l'attraction de l'adjectif **terrestre**.

LANGAGE

Sous l'influence de l'anglais **language**, il est fréquent que ce nom soit affublé d'un « u » bien inutile.

LAPER

En pensant sans doute au verbe **japper**, certains commettent la faute d'écrire « lapper » avec une consonne double.

MARIAGE

A l'opposé de l'anglais **marriage**, ce nom ne prend qu'un « r » en français.

MOLETTE

Tout comme **molaire**, ce mot est de la même famille que **meule** et ne prend qu'un « l ». N'étant nullement, et pour cause, apparenté à **mollesse**, le nom **molette** ne saurait s'écrire « mollette », féminin de l'adjectif **mollet**.

MOUFLE

Contrairement à **souffler** et **soufflet**, ce mot ne prend qu'un seul « f ». Ne pas écrire « mouffle ».

MOUFLON

Même observation que pour le mot précédent, ce qui exclut la graphie « moufflon ».

MOURIR

Voir **courir** et ne pas écrire « mourrir » avec une consonne double.

MUFLE

A l'opposé de **buffle**, le nom **mufle** ne prend pas une consonne double. D'où : le **mufle** du **buffle**.

PANTOUFLE

Même remarque que pour **moufle** et **mouflon**. Ne pas écrire « pantouffle ».

PARMI

Contrairement à **hormis**, qui est de la même famille que **permis** et **promis**, la préposition **parmi** ne prend pas d'« s ».

PERSIFLER

A la différence de **siffler**, le verbe **persifler** ne prend qu'un « f » et ne s'écrit donc pas « persiffler ». Même remarque pour ses dérivés **persiflage** et **persifleur**.

PORTUGAIS

Contrairement à la dernière syllabe de l'imparfait (tu) **subjuguais**, celle de **portugais** ne prend pas d'« u ». Ne pas écrire « portuguais ».

PYRÉNÉES

Assez surprenante est la tendance qu'a la télévision française de doubler le « n » de Pyrénées pour en faire « Pyrennées », qui transformerait la prononciation de la deuxième voyelle.

RAFLE, RAFLER

Ne pas doubler le « f », transformant ainsi ces deux mots en « raffle » et « raffler », ce qui n'est que trop fréquent...

STEAK

Les trois dernières lettres étant celles de **break**, terme utilisé dans le monde de la boxe, on se demande pourquoi certains l'écrivent « steack », avec un « c » bien inutile, sur tant de menus de restaurants français.

TRAFIC

Contrairement à l'anglais **traffic** auquel il doit le jour, ainsi qu'au français **raffiner**, le mot **trafic** ne prend qu'un « f » dans notre langue.

146

VOIRIE

Éviter d'écrire « voierie » sous l'influence de **soierie**.

REMARQUE 1. Il faut ici réserver une place à part au nom **professeur**, que des candidats à ce poste écrivent bien imprudemment « proffesseur » quand ils adressent une demande aux autorités compétentes.

REMARQUE 2. Fréquente est la tendance à déplacer le « **h** » du nom **rhétorique** pour le déformer en « réthorique ».

REMARQUE 3. En ce qui concerne la place du « **h** », on opposera utilement **rédhibitoire** à **rhétorique**.

LE TRAIT D'UNION

1°) Parmi les mots ne prenant pas de trait d'union

a) Écrits en un seul mot.

ampèreheure	infrarouge	trictrac
boutefeu	kilowattheure	ultraviolet
courtepointe	lèchefrite	zigzag

b) Écrits en plusieurs mots.

aller et retour	château fort	parti pris
arts et métiers	commis voyageur	pomme de terre
ayant cause	fusil mitrailleur	ponts et chaussées
ayant droit	Moyen Âge	raz de marée

2°) Exemples d'emploi du trait d'union

a) Les noms de nombres.

Pas de trait d'union au contact des nombres **cent**, **mille**, **million**, et de la conjonction **et**. D'où :

SANS TRAIT D'UNION	AVEC TRAIT D'UNION
trente et un	dix-huit
deux cent onze	quarante-quatre
trois mille cent quinze	soixante-dix-sept
dix millions deux cent un	quatre-vingt-dix-neuf

aide de camp	aide-comptable aide-mémoire aide-soignant(e)
bas âge bas allemand bas clergé bas latin bas morceaux	bas-bleu bas-côté basse-cour bas-fond bas-relief
chef cuisinier chef de gare chef d'orchestre	chef-d'œuvre chef-lieu
compte rendu	compte-gouttes compte-tours
contrebalancer contrebas contrechâssis contrecœur contrecoup contredanse contrefaçon contrefort contremaître contremarche contremarque contrepartie contrepèterie contrepoids contrepoison contreprojet contreproposition contresens contresignataire contretemps contrevenant contrevérité	contre-allée contre-amiral contre-attaque contre-enquête contre-épreuve contre-espionnage contre-expertise contre-feu contre-filet contre-jour contre-manifestant contre-offensive contre-performance contre-pied contre-plaqué contre-poil contre-propagande contre-proposition contre-rail contre-taille contre-torpilleur contre-valeur

REMARQUE. On remarquera l'absence du -e final de la préposition **contre** dans les noms **contralto, contrescarpe, contrordre**.

double décimètre	double-crème
entrechat	entre-deux
entrecuisse	entre-deux-guerres
entrejambe	(s') entre-dévorer
entremets	entre-nœud
entrepont	entre-temps
entresol	entre-tisser
entretoise	(s') entre-tuer

REMARQUE. Élision du -e final de la préposition **entre** dans s'**entrégorger**, s'**entr'aimer**, s'**entr'apercevoir**, les deux derniers prenant une **apostrophe**.

état civil	état-major
faux col	faux-bourdon
faux frère	faux-fuyant
faux témoin	faux-monnayeur
	faux-semblant
garde champêtre	garde-à-vous
garde des Sceaux	garde-barrière
garde du corps	garde-boue
garde forestier	garde-chasse
	garde-fou
	garde-malade
	garde-robe
haut fonctionnaire	haut-commissaire
haut fourneau	haut-de-chausse(s)
haut le pied	haut-de-forme
	haut-le-cœur
	haut-le-corps
	haut-parleur

hôtel de ville	hôtel-Dieu
main courante mainmise	main-d'œuvre main-forte
maître d'armes maître chanteur maître imprimeur	maître-à-danser maître-assistant maître-autel maître-chien
millepertuis	mille-feuille mille-pattes
opéra bouffe	opéra-ballet opéra-comique
pied à coulisse pied bot (malformation) pied de fer (enclume) pied de nez pied plat (malformation)	pied-à-terre pied-bot (personne) pied-de-biche (levier) pied-de-cheval (huître) pied-de-loup (cryptogame) pied-de-poule (tissu) pied-plat (personne)
portefeuille portemanteau	porte-à-faux porte-avions porte-bagages porte-billets porte-cigarettes porte-documents porte-voix
(en) tête à tête tête de ligne tête de mort tête de pont	tête-à-queue (un) tête-à-tête tête-bêche tête-de-loup (balai) tête-de-Maure (fromage) tête-de-nègre (couleur)

tout à coup	tout-à-l'égout
tout à fait	tout-petit (personne)
tout au plus	tout-puissant
tout de go	tout-venant

c) L'adjectif **grand** suivi d'un trait d'union.

Des gens mal informés recommandent d'écrire « grand'mère » avec une **apostrophe** pour, disent-ils, remplacer le -**e** final de l'adjectif féminin **grande**, qui aurait disparu au fil des ans. Malheureusement, c'est là une erreur doublée d'un excès de zèle, car l'adjectif **grand** s'employait jadis aussi bien au **féminin** qu'au masculin, comme le prouve la forme **mère-grand** rencontrée dans le plus célèbre des contes de Perrault.

On opposera donc utilement les quatre noms **masculins** suivants, écrits sans trait d'union, aux quinze **féminins** qui leur succèdent, et dans lesquels l'adjectif **grand** est suivi non d'une apostrophe, mais d'un **trait d'union** :

1. Noms masculins **sans trait d'union**.

grand officier	grand prix
grand prêtre	grand vizir

2. Noms féminins **avec trait d'union**.

grand-chose	grand-messe	grand-rue
grand-croix	grand-peine	grand-salle
grand-faim	grand-peur	grand-soif
grand-maman	grand-place	grand-tante
grand-mère	grand-route	grand-voile

d) L'adjectif **petit** suivi d'un trait d'union.

petit-beurre	petit-gris	petit-neveu
petit-bourgeois	petit-lait	petite-nièce
petite-fille	petit-maître	petit-suisse
petit-fils	petit-nègre	petits-enfants

REMARQUE 1. Une **petite fille** sans trait d'union est une **fillette** ; une **petite-fille** avec un trait d'union est le féminin d'un **petit-fils**. D'où : Âgée de quarante ans, la **petite-fille** de cet octogénaire n'est plus une **petite fille** !

REMARQUE 2. De **petits enfants** sans trait d'union sont de **jeunes enfants** ; les **petits-enfants** avec un trait d'union sont les **petits-fils** et les **petites-filles**, par rapport à leurs grands-parents.

e) Le cas des **noms propres**.
1. Les noms de **pays**.
La **Grande-Bretagne**, le **Royaume-Uni**, les **États-Unis**.
2. Les noms de **régions**.
Champagne-Ardenne, Provence-Alpes-Côte-d'Azur.
3. Les noms de **départements**.
Haute-Marne, Pas-de-Calais, Alpes-de-Haute-Provence.
4. Les noms de **villes**.
Saint-Germain-en-Laye, Châlons-sur-Marne.
5. Les noms d'**églises**, de **musées**, de **rues**, de **places**.
L'église **Notre-Dame-des-Champs**, le musée **Victor-Hugo**, la rue **Claude-Bernard**, la place des **Buttes-Chaumont**.

QUELQUES POINTS DÉLICATS

1°) Ne pas dissocier

Tant aux deux genres qu'aux deux nombres, le **participe passé** du verbe **dire** fait corps avec **l'article défini** qui le précède. D'où, **en un seul mot** : **ledit, ladite, lesdits, lesdites, audit, auxdits, auxdites, dudit, desdits, desdites.**

2°) Un cas délicat d'homophonie

L'expression « faire bonne **chère** » a d'abord signifié « faire **bon visage** », puis « (se) bien **nourrir** ». Par extension, le nom **chère** désigne la qualité des mets dans « faire bonne **chère** ». L'emploi, au demeurant assez tentant, du nom **chair** constitue ici une impropriété et une faute d'orthographe.

3°) Une distinction à observer

Dans l'adverbe **vraiment**, l'adjectif **vrai** est directement suivi du suffixe -**ment**, ce qui n'est pas le cas de **gaiement**, où un « **e** » vient s'intercaler quand on ne l'écrit pas **gaîment**.

4°) Tel *et* tel que

a) **Tel** s'accorde avec le nom qu'il précède : l'inconnu bondit **telle** une panthère.

b) **Tel que** s'accorde avec le nom qui le précède : les carnassiers **tels que** les panthères vivent en Asie.

5°) *Le verbe* déclencher

Formé sur le nom **clenche**, d'origine germanique, le verbe **déclencher** ne s'écrit pas avec un « a », mais avec un « **e** » dans la deuxième syllabe. Cette remarque s'applique au verbe **enclencher**.

6°) *Le nom* collimateur

Ce mot, qui désigne un appareil d'optique, s'écrit avec deux « l ».

7°) *Francisation partielle*

Les noms anglais **beefsteak** et **rumpsteak** (écrits sans « c ») sont plus ou moins francisés sous les formes **bifteck** et **romsteck** ou **rumsteck** dont la consonne finale évoque leur origine anglaise.

8°) Trois « e » consécutifs

On les rencontre dans le **participe passé féminin** des verbes **agréer, ragréer, créer, recréer, suppléer**, dont les deux premiers « **e** » prennent l'accent aigu. D'où : cette pièce à été **agréée**, puis **créée**...

9°) L'emploi du « y »

a) **Sydney**.

Contrairement au prénom du célèbre musicien américain **Sidney** Bechet, le nom de la grande ville australienne de **Sydney** prend deux « y ».

b) De la **Syrie** à la **Libye**.

On opposera utilement les noms de ces deux pays de langue arabe pour bien mettre à sa place celui de la **Libye**, trop souvent transféré à la première syllabe.

c) **Tokyo**.

Il y a quelques décennies, le nom de la capitale du Japon s'écrivait **Tokio** en français. Mais les anglophones n'ont pas adopté cette graphie qui aurait pu les inciter à prononcer « Tokaïo » rimant avec le nom de l'État d'**Ohio**, qui se dit « **Ohaïo** ». C'est pourquoi ils écrivent **Tokyo**. N'est-il pas étrange que les Français aient adopté cette graphie anglaise sans aucune raison valable ?

III. PRONONCIATION

Une prononciation incorrecte peut être la
cause de bien des confusions.

PHONÉTIQUE

1°) *Prononciation des sons vocaliques*

a) Le « **a** ».

Il y a deux sons « **a** », l'un **grave** (ou postérieur), l'autre **antérieur**, que certains Français, selon les régions, ont plus ou moins tendance à confondre entre eux. Dans la plupart des cas, le « **a** » grave porte un **accent circonflexe**.

« A » GRAVE OU POSTÉRIEUR	« A » ANTÉRIEUR
bas, bras, cas, glas, gras blâme, châle, pâte, tâche infâme, pâle, râle château, râteau	bal, brave, car, glace, grave drame, maréchal, patte, tache fameux, pale, oral bateau, marteau

REMARQUE. Le son « **a** » antérieur s'écrit « **e** » dans **femme** et les adverbes se terminent en -**emment**, prononcé comme -**amment** : **prudemment, intelligemment**, etc.

b) Le « **e** ».

1. Sans accent, le « **e** » est très souvent escamoté au nord de la Loire : **Gen**(e)**vièv**(e) **aval**(e) **tout l**(e) **vin**.

Un(e) **femm**(e) **dang**(e)**reus**(e).

Or, dans le Midi de la France, ce « **e** » est toujours audible. De la même façon, Chrysale dit, dans *Les Femmes savantes*, en douze syllabes :

Je vis de bonne soupe et non de beau langage.

Dans ce célèbre alexandrin, seul le « e » final de **langage** est muet. Mais, dans le langage courant, ces **douze** syllabes seront très souvent réduites à **huit** par l'escamotage de quatre « **e** », ce qui donnera (prononciation inadmissible sur une scène de théâtre) :

« J'vis d'bonn' soupe et non d'beau langage. »

Cette prononciation relâchée ne saurait être le fait des gens du Midi de la France.

> *REMARQUE.* Le « **e** » parasite.
> Inversement, trop nombreux sont les professionnels de la parole qui, à la radio comme à la télévision, disent paresseusement : « un **matche** nul », « l'**oueste** de la France », « un **filme** parlant anglais », « le **Parque** des Princes », transformant même un ours polaire en « **ourse** polaire » sans que, pour autant, ce plantigrade à la blanche fourrure ait changé de sexe... Or, il suffit d'un effort minime pour prononcer correctement : un **match**/nul, l'**ouest**/de la France, un **film**/parlant anglais, le **Parc**/des Princes, un **ours**/polaire.

2. Le « **é** » fermé et le « **è** » ouvert.

Le premier s'entend dans des mots comme **bébé, blé, chez, clé, épée, été, fée, gré, né, pré,** mais pas dans **Megève** où le premier « **e** » ne porte pas plus l'accent aigu que celui de **Genève**.

Le nom **féerie** ne se prononce pas « fé-érie » avec un double « **é** » fermé, mais bien comme s'il s'écrivait « férie » en deux syllabes, car il est constitué du nom **fée** et du suffixe **-rie**.

Le « **è** » ouvert peut n'être surmonté d'**aucun accent** : **belle, cresson, fer, germe, jet, leste, mer, net, peste, renne, sel, selle**.

Il peut porter un accent **grave** ou **circonflexe** : **bête, brève, cène, fête, gêne, lèvre, lièvre, mêlée, nièce, pièce, prêtre**.

REMARQUE 1. Le seul mot où « **et** » se prononce « **é** » fermé est la conjonction **et**. Dans tous les autres cas, la terminaison -**et** se prononce comme un « **è** » ouvert, ce que semblent ignorer bien des locuteurs qui les transforment en d'autres mots. Il est donc nécessaire d'insister sur l'opposition entre : **archer** et **archet**, **caché** et **cachet**, **carré** et **caret**, **foré** et **foret** ou **forêt**, **piqué** et **piquet**, **rivé** et **rivet**, **soufflé** et **soufflet**, **taré** et **taret**, **vallée** et **valet**, etc. En conclusion, il n'y a aucune raison de transformer un **soufflé** au fromage en un **soufflet** au visage, et *vice versa*.

REMARQUE 2. Ne s'écrivant pas « interpeler », le verbe **interpeller** n'a strictement rien à voir avec **peler** et **appeler**. A l'image du verbe **sceller** écrit, lui aussi, avec deux « l », **interpeller** ne se prononce donc pas « interpeler », mais « interpèler , avec un « **è** » ouvert. Cette remarque s'applique au nom de la ville de **Montpellier**, prononcé « Montpèlier » ainsi qu'à **cresson**, dont la première syllabe ne se dit pas « cre », mais « crè », comme dans **crème**.

c) Le « **o** ».

Il y a deux sons « **o** », l'un **fermé** et grave, l'autre **ouvert** que, dans certaines régions, on a tendance à intervertir. On remarquera que le « **o** » grave est souvent surmonté d'un accent circonflexe.

« O » FERMÉ	« O » OUVERT
Bône, cône, dôme, dos, drôle fosse, gros, hôte, môle, rose	bonne, **Dole** (Jura), **dock**, dot fort, grog, hotte, molle, rosse

REMARQUE. Trop fréquente est l'erreur consistant à prononcer le nom de la ville allemande de **Bonn** avec le « **o** » grave de **Bône**. Avec sa consonne double, **Bonn** est homophone du français **bonne**.

d) Le digramme « œ ».

Il ne se prononce pas « eu » à l'allemande, mais « é » : **œcuménisme, œdème, Œdipe, œnilisme, œnologie, œsophage** et naturellement, **fœtus.**

e) Le « **u** ».

1. Le nom du mois de **juin** ne se prononce pas « jouin ».

2. Contrairement au « u » du verbe **narguer**, celui d'**arguer** se prononce. **J'arguë*** rime donc avec **ciguë**. Il faut faire la différence entre « en **narguant** » et « en **arguant** », ce dernier n'étant nullement homophone d'Argan, le malade imaginaire. Quant à la deuxième syllabe des noms **aiguille** et **aiguillon**, chacun sait qu'elle ne se prononce pas « gui », mais en faisant entendre le « u » de l'adjectif **aigu**, ce qui est logique. Bien qu'il soit tout aussi logique que cette règle s'applique également au verbe **aiguiser**, comme l'indiquent plusieurs dictionnaires, on se demande pourquoi tant de gens qui prononcent le « u » des noms **aiguille** et **aiguillon** n'en font pas autant quand il s'agit d'**aiguiser**, qui est pourtant de la même famille. Cette application du principe « deux poids, deux mesures » a de quoi surprendre.

3. Le « u » précédé d'un « q » se prononce « **ou** » dans des mots tels que :

quadragénaire	quanta	quasi	quinquagénaire
quadrature	quarto	quatuor	quorum
quadrupède	quartz	quetsche	quota

REMARQUE 1. La première syllabe de **quinquagénaire** se prononce « **cuin** » et la deuxième « **coua** ».

---

* Graphie adoptée par Littré.

162

REMARQUE 2. Le nom **quarté** désignant une course ne se prononce pas « couarté », à l'image de **quartz**, mais « **carté** », comme dans **carte**.

f) La nasale « **un** ».

1. De soi-disant linguistes ayant probablement peu voyagé en France ou étant atteints de surdité partielle déclarent à qui veut les entendre que le son « **un** » représenté par l'article indéfini aurait presque entièrement disparu au profit de la nasale « **in** ». En d'autres termes, l'article **un** serait le parfait homophone du département de l'**Ain**, qui porte d'ailleurs ce numéro. Or, rien n'est plus faux. Non seulement dans la moitié sud de la France, mais encore dans d'autres régions, ce son « **un** » est toujours bien vivant et tout à fait distinct du son « **in** ». Pour s'en convaincre, il suffit d'ouvrir les oreilles en faisant fi des idées préconçues qui, dans bien des cas, poussent à entendre ce qui n'a pas été dit.

Même s'il est souvent prononcé « **in** », notamment dans la région parisienne, le son « **un** » est, en réalité, un « **eu** » nasalisé, qui en est nettement distinct. On distinguera donc **un** de **Ain**, **alun** d'**Alain**, être à **jeûn** d'**Agen**, **un sultan** d'**insultant**, **emprunt** d'**empreint**, etc. On ne saurait faire rimer ensemble **Melun** et **malin**, **aucun** et **coquin**, **parfum** et **enfin**, **commun** et **carmin**, etc.

2. En français, les groupes « **unc** » et « **ung** » se prononcent comme s'ils s'écrivaient respectivement « **onc** » et « **ong** ». Tel est donc le cas des mots **acupuncture**, **unciné** (pourvu d'un crochet), **unguéal** (relatif à l'ongle), **unguis** (un petit os), **unguifère** (qui porte un ongle), sans oublier la boisson nommée **punch**, mot prononcé comme s'il s'écrivait « ponche ». A cette liste s'ajoute le nom **contrapuntiste**, prononcé « contrapontiste »*.

---

* D'ailleurs, ce nom s'écrit également **contrapontiste**. Voir page 131.

Conformément à cette règle, il va de soi que le nom **jungle** doit se prononcer « **jongle** », rimant avec **ongle**, ce qui gagnerait à être connu, car trop rares sont les commentateurs de documentaires tournés dans la **jungle** qui sachent dire correctement ce mot.

2°) *Prononciation des sons consonantiques*

a) Le « **c** ».

1. Suivi d'un « **t** ».

Prononcé dans **abject, correct, direct, infect**, le « **c** » est muet dans **aspect, distinct, instinct, respect, succinct, suspect**, lequel rime donc avec **parapet**.

2. Le digramme « **ch** ».

A. Le plus souvent, il représente la **chuintante** qui se trouve dans les mots **chat, chercher, chiche, chose, chouchou, chute**, etc.

B. Dans la plupart des mots d'origine grecque, le digramme « **ch** » se prononce comme un « **k** ». Exemples :

archaïque	**chélonien** (tortue)
archange	**chénopode** (plante)
archétype	**chiropracteur**
archiptère (insecte)	**chiroptère** (chauve-souris)
archonte (magistrat grec)	**chitine** (substance azotée)
chaldéen	**chiton** (mollusque)
chamérops (palmier)	**chœur**
chaos	**cholémie** (taux de bile)
charale (plante)	**choléra**
charisme	**conchyliculture**
chéilite (inflammation)	**chondrome** (tumeur bénigne)
chélidoine (plante)	**chorée** (danse de Saint-Guy)

chorégraphe	psychanalyse
choriste	psychose
écho	taricheute (embaumeur égyptien)
lichen	varech*

* D'origine scandinave.

> *REMARQUE 1*. Sont homophones : **chaos** et **cahot**, **chlore** et **clore**, **chœur** et **cœur**, **chorée** et **Corée**, **chrême** et **crème**.

> *REMARQUE 2*. On opposera la prononciation du digramme « **ch** » dans les mots suivants : **archiptère** et **architecte**, **chiropracteur** et **chirurgie**, **psychiatre**, **psychose** et **psychique**, **psychisme**.

b) Le « **f** ».

Il est **muet** dans **cerf** (-volant), **chef-d'œuvre**, **clef**, et les pluriels **bœufs** et **œufs**.

c) Le « **g** ».

1. Le digramme « **gh** ».

Représenté dans **ghetto** et **Ghislaine**, il se prononce comme le « **g** » de **gare**. Le prénom **Ghislaine** se dit « Guilaine » car, de surcroît, le « **s** » est aussi muet que dans Belle-Isle.

2. Le groupe « **gn** ».

Le « **g** » et le « **n** » se prononcent chacun distinctement dans **diagnostic**, **gneiss**, **gnome**, **gnou**, **inexpugnable**, **magnat**, **magnum**, **pugnace**, **stagner**, etc. Le nom **magnat** n'est donc pas l'homophone des deux premières syllabes de l'adjectif **magnanime**.

d) Le « **l** ».

1. La graphie « **il** » en fin de mot.

Quand « **-il** » est précédé d'une consonne, il est tantôt prononcé, tantôt muet. Exemples :

LE « L » EST PRONONCÉ		LE « L » EST MUET	
avril	pistil	chenil	grésil
Brésil	profil	coutil	gril
cil	puéril	fenil	nombril
civil	subtil	fournil	outil
fil	toril	fusil	persil
il	vil	gentil	sourcil
péril	volatil	goupil	terril

REMARQUE 1. Très souvent, les gens ont tendance à prononcer le « l » final de certains mots de la seconde catégorie. C'est notamment le cas pour le nom **gril** qui, quand la consonne finale est muette, devient homophone de l'adjectif **gris**.

REMARQUE 2. La consonne finale étant muette, le pronom **il** se prononçait jadis comme le pronom **y**. Mais, de nos jours, prononcer « y dit » ce qui s'écrit « il dit » constitue un vulgarisme trop répandu, qu'il convient d'éviter.

2. La graphie « lh ».

Graulhet (Tarn) et **Milhaud** (compositeur) se prononcent respectivement « **Grauyet** » et « **Miyaud** ».

3. La graphie « ll » précédée d'un « i ».

La prononciation la plus fréquente est « **iy** ». Exemples : **bille, fille, quille**, etc. On opposera :

PRONONCIATION « IL »		PRONONCIATION « IY »	
Achille	mille	bastille	gorille
bacille	(il) oscille	Camille	grille
(il) distille	pupille	camomille	morille
Ille (rivière)	Rille (rivière)	escadrille	pastille
imbécillité	tranquille	espadrille	(il) vacille
Lille	ville	étrille	Villon (poète)

REMARQUE 1. Il ne faut pas faire rimer **pupille** avec (il) **pille**.

REMARQUE 2. (Il) **oscille** ne rime pas avec (il) **vacille**, ni (il) **distille** avec (il) **frétille**.

e) Le « **p** ».

Il est muet dans **baptême, cheptel, compter, dompter, exempt, prompt, sept, sculpter.**

REMARQUE 1. Il est difficilement compréhensible que des gens qui ne font pas entendre le « **p** » de **compter** et de **compteur** le prononcent dans **dompter** et dans **dompteur**.

REMARQUE 2. Il est paradoxal que des personnes qui ne prononcent pas le « **f** » de **chef-d'œuvre** fassent entendre le « **p** » de **cheptel**.

f) Le « **s** ».

1. Au **singulier**, il est **muet** dans **ananas, cassis** (contraire de dos-d'âne), **Cassis** (ville de Provence), mais prononcé dans **Anvers**.

2. Au **pluriel**, il est **muet** dans **Bahamas, mœurs, os** (prononcé « **ô** »), **ours**.

g) Le « **t** ».

Suivi d'un « **i** », il se prononce « **s** » dans tous les noms affectés du suffixe **-tion** ainsi, notamment, que dans les mots suivants :

acrobatie	démocratie	impéritie	péripétie
argutie	diplomatie	ineptie	prophétie
canitie	essentiel	inertie	providentiel
Croatie	facétie	initial	spatial
Dalmatie	idiotie	minutie	torrentiel

REMARQUE 1. Le « t » de **patio** (nom espagnol) ne se prononce pas « s », mais « t ». On ne parlera donc pas de « passio ».

REMARQUE 2. Le -t final se prononce dans le nom de la ville d'**Anglet** (Pyrénées-Atlantiques), **let**, **net**, **set** et **Têt** (fleuve côtier du Roussillon).

h) Le « x ».

1. Il se prononce « **ks** » dans **axe**, **boxe**, **fixe**, **luxe**, **mixte**, **taxi**, etc., ainsi que, en position finale, dans **Aix**, **box**, **Dax** (Landes), **Gex** (Ain), **Marx**, **Max**, etc.

2. Il se prononce « **gz** » dans **examen**, **exemple**, **exercice**, etc.

3. Il se prononce « **ss** » dans **Auxerre**, **Bruxelles**, **Cadix**, etc.

4. Il se prononce « **z** » dans **deuxième**, **sixième**, **dixième**.

5. Il est **muet** dans **Chamonix**, **croix**, **deux**, **roux**, etc.

i) Le « z ».

PRONONCÉ	MUET	
fez	**assez**	**nez**
gaz	**chez**	**raz** de marée
Orthez	**Dumouriez**	**rez**-de-chaussée
Rodez	**Forclaz** (col alpin)	**riz**
Suez	**Morez** (Jura)	Saint-**Tropez** (Var)

3°) Sur quelques cas particuliers

• Dans le nom **almanach**, les deux dernières consonnes sont **muettes**. On prononce donc « **almana** ».

168

• On ne prononce ni la première, ni la dernière lettre du mois d'**août**, qui est donc l'homophone d'**où**, **houe** et **houx**.

• Le premier élément de **Bourg**-en-Bresse se prononce « **Bourk** ».

• **Enghien** se dit « **en gain** ».

• Dans les noms **faisan**, **faiseur** et **faiseuse**, ainsi que dans les formes conjuguées du verbe **faire** à l'imparfait : je **faisais**, tu **faisais**, il **faisait**, nous **faisions**, vous **faisiez**, ils **faisaient**, auxquelles s'ajoutent l'impératif **faisons** et le participe présent **faisant**, la première syllabe écrite **fai**-ne se prononce pas « **fè** », mais « **fe** » comme dans **fenêtre** et **fenouil**.

• **Gérardmer** se dit « **Gérarmé** » rimant avec **désarmer** et **géromé**, fromage de la région.

• Dans le nom du duc de **Guise**, la première syllabe ne se prononce pas comme le mot **gui**, mais comme la deuxième syllabe d'**aiguillon**. Le nom du duc de **Guise** ne se dit donc pas comme le nom commun **guise**. On marquera la différence en disant que le duc de **Guise** agissait à sa **guise**.

• Le « **s** » ne se prononce pas « **z** » mais bel et bien « **s** » dans **Israël**, **israélien**, **israélite**, ainsi que le suffixe **-isme**. Il est donc incorrect de dire « **Izraël** » et « **organizme** », par exemple.

• Dans les nombres **million** et **milliard**, il faut faire entendre les deux « **l** », ce qui exclut les prononciations paresseuses « **miyon** » et « **miyard** » à l'image des noms **billon** et **billard**. On prononce donc « **mi-lion** » et « **mi-liard** ».

FORMES VERBALES

1°) *Passé simple et imparfait*

a) Au **passé simple** de l'indicatif, la terminaison **-ai** des verbes du premier groupe à la première personne du singulier se prononce comme un « **é** » fermé. Ainsi :

je **chantai** se prononce comme **chanté, chanter, chantez,**
je **frappai** se prononce comme **frappé, frapper, frappez,**
je **grattai** se prononce comme **gratté, gratter, grattez.**

b) A l'**imparfait** de l'indicatif, les terminaisons **-ais, -ait** et **-aient** se prononcent comme un « **è** » ouvert. Ainsi :

je **livrais** se prononce comme **livret,**
il **fleurait** se prononce comme **fleuret,**
ils **tiraient** se prononce comme **tiret.**

2°) *Futur et conditionnel*

a) Au **futur** de l'indicatif, la terminaison **-rai** de la première personne du singulier se prononce comme la note **ré**, avec un « **é** » fermé. Ainsi, je **scierai** se dit comme **ciré, cirer** et **cirez** sans oublier (je) **cirai** au passé simple.

b) Au **conditionnel**, les terminaisons **-rais**, **-rait** et **-raient** se prononcent comme **raie**, avec un « **è** » ouvert. Il n'y a donc pas à confondre j'**irai** et j'**irais**, je **ferai** et je **ferais**.

> *REMARQUE*. Il est très important de faire la distinction entre les deux prononciations si l'on veut éviter une fâcheuse équivoque. Ainsi, je vous **paierai** (prononcé **-ré**) est une promesse formelle, tandis que je vous **paierais** (prononcé **-raie**) implique une condition, à savoir : si j'avais de l'argent. On reconnaîtra que la « nuance » est de taille !

LE « H » DIT « ASPIRÉ »
ET LE « H » DIT « MUET »

1°) *Quand le « h » est prononcé : expiration*

Dans les langues germaniques comme l'allemand ou l'anglais, où elle est nettement prononcée, la consonne « h » n'est jamais « aspirée » — ce qui risquerait de provoquer de l'aérophagie ! — mais bel et bien **expirée**, ce qui est très précisément le contraire.

Exemples : l'allemand **Hand, Heft, Hirsch, Horn, Hund**, et l'anglais **hand, help, hit, horn, hurry**.

2°) *Quand le « h » n'est jamais prononcé*

En français comme en italien la consonne « h » n'est jamais prononcée. Elle est donc toujours **muette** comme dans **habile, héron, hiver, horreur, hutte**. Il en résulte que, en ce qui concerne notre langue, l'appellation d'« aspiré » est doublement impropre.

a) Quand le « **h** » (toujours muet) provoque un **hiatus**. Dans de nombreux mots français, la présence d'un « **h** » initial se fait néanmoins sentir, car elle provoque un **hiatus**. Il ne faut donc pas prononcer :

Chez « Zachette », mais : chez/**Hachette**.

Il faut « tisser » le grand pavois, mais : il faut/**hisser** le grand pavois.

Le jeu était « teurté », mais : le jeu était/**heurté**.

Un joueur est « tors jeu », mais : un joueur est/**hors** jeu.

Il est « tors » de question, mais : il est/**hors** de question.

L'ennemi fut « tarcelé », mais : l'ennemi fut/**harcelé**.

A tout « tasard », mais : à tout/**hasard**.

La mer fut « touleuse », mais : la mer fut/**houleuse**.

Pensons aux « zandicapés », mais : pensons aux/**handicapés**.

Des « Zongrois » et des « Zollandais », mais : des/**Hongrois** et des/**Hollandais**.

> *REMARQUE 1.* Certains prétendent que l'Académie française aurait naguère autorisé la liaison « les zaricots ». Comme le prouvent tous les dictionnaires, rien n'est plus faux. Il faut dire les/**haricots**, nom dont l'initiale est un « h » d'hiatus.

> *REMARQUE 2.* L'**hiatus** s'impose également dans « les revers de/**Hitler** » et non « d'Hitler », car le « h » allemand n'a rien de muet.

Conclusion

Il va de soi que, sans être le moins du monde « aspirés », tous les « h » susmentionnés, totalement **muets**, sont en quelque sorte sous-entendus. Ce sont, à proprement parler, des « h » d'**hiatus** comme dans le/**hongrois**, le/**handicap**, le/**handicapé**.

b) Quand le « **h** » provoque l'**élision** et autorise la **liaison**.

Au début d'un mot, un « **h** » dit « muet » impose l'**élision** de l'article défini qui l'introduit et la **liaison** avec le mot qui le précède. On dira donc : l'**hameçon**, l'**héli-coptère**, l'**hiver**, l'**hostie**, l'**humour**, que l'on opposera à : la **hache**, le **héros**, le **hibou**, la **hotte**, le **hurlement**, où l'article défini n'est pas élidé.

Bien entendu, on fera la liaison dans : leurs **habits**, sans **hésiter**, deux **hivers**, cent **hommes**, six **huîtres**, que l'on opposera à : des/**harengs**, deux/**héros**, les/**hiboux**, un/ **hors**-d'œuvre, des/**hurlements**, dont le « **h** » d'hiatus empêche toute liaison.

REMARQUE. On opposera le/**héros** (hiatus) à l'**héroïsme** (élision) et des **héroïnes** (liaison).

Conclusion

Le « h » dit muet est, en réalité, un « h » d'**élision** ou de **liaison**.

LA LIAISON

Voici quelques principes de base qu'il est bon de connaître.

1°) *Consonnes de liaison*

Si le verbe terminé par une voyelle précède son sujet **il** ou **elle**, ainsi que son complément **y** ou **en**, il faut avoir recours à une **consonne euphonique** de liaison, à savoir « **s** » ou « **t** ».

Exemples : Va ! et **vas**-y ! — Mange ! et **manges**-en !
Il neige et neige-t-il ? Elle a vu et a-t-elle vu ?

2°) *Changement de son des consonnes finales de liaison*

a) Comme en allemand, deux sonores finales deviennent **sourdes** :
— Le « **d** », qui se prononce « **t** », comme dans un **grand** homme (grantom), il s'en **prend** à nous (prentanous), **quand** il faut (kantilfaut).

— Le « **g** », qui se prononce « **k** » dans **Bourg**-en-Bresse (Bourkembresse), un **long** article (lonkarticle) dans le style oratoire et un **sang** impur (sankimpur) dans le refrain de *la Marseillaise*.

b) Inversement, une sourde finale devient **sonore**, à savoir la consonne « **s** », qui se prononce « **z** » : **trois** ans (troizan).

3°) *Consonnes groupées en fin de mot*

a) Au **singulier**, la liaison se fait sur le « **r** », même s'il est suivi d'une ou deux consonnes terminales : **ver(t)** ou bleu (veroubleu), **mor(t)** ou vif (morouvif), **for(t)** étrange (forétrange), **cor(ps)** à corps (korakor).

b) Au **pluriel**, ces mêmes mots font la liaison sur « **s** » : **arts** et métiers (arzémétié).

4°) *Exemples de liaison obligatoire*

a) Entre l'article et le nom ou l'adjectif : **les animaux, des enfants, un odieux individu.**

b) Entre l'adjectif possessif et le nom ou l'adjectif : **tes amis, son autre** aspect.

c) Entre l'adjectif démonstratif et le nom ou l'adjectif : **ces étranges animaux.**

Noter l'emploi de **cet** pour **ce** devant un masculin : **cet auteur**.

d) Entre l'adjectif qualificatif et le nom : ce **grand élève**, un **petit amateur**, de **beaux enfants**, de **longues heures** (« h » dit « muet »).

e) Entre l'adjectif numéral cardinal et le nom ou l'adjectif : quatre-**vingts étudiants**, deux cent **vingt élèves**, trois **cents îlots**.

f) Entre le pronom personnel au pluriel et le verbe : **nous irons, vous étiez, ils ont**.

g) Entre le verbe auxiliaire et le participe passé : il **est arrivé**, ils **ont appris**, elles **avaient apprécié**.

h) Entre un verbe quelconque et tout autre mot : elles **vont à Paris**, elle **peut irriter**, nous **avons une** voiture, **allez-y** !

i) Entre la préposition et l'article défini, le nom, l'adjectif ou le verbe : **dans un** mois, **en un** seul jour, **en arrivant**.

j) Entre la conjonction de subordination et le mot qui la suit : **quand on** peut.

k) Entre l'adverbe et l'adjectif ou le verbe : **très astucieux, trop ému, beaucoup apprendre**.

l) Entre le nom au pluriel et l'adjectif qui le suit : **des gens habiles**, des **mains expertes**.

5°) *Exemples de liaison interdite ou déconseillée*

a) Entre deux groupes de mots dont l'un est complément de l'autre, surtout quand celui-ci est en tête (inversion) : dans le ciel gris/évoluait un avion.

b) Entre un nom au singulier et l'adjectif qui le suit : un événement/étonnant, un cachet/énorme.

c) Après la conjonction **et** : trente et/un ans, insolent et/arrogant.

d) Devant certains mots comme **oui**, **onze**, **onzième**, etc. : les/onze footballeurs.

e) Devant un « **h** » d'hiatus dit « aspiré » (voir page 172).

f) Entre un infinitif en **-er** et la voyelle qui suit : aller/à pied, rester/assis.
Ces liaisons sont plutôt réservées à la poésie et au genre oratoire.

g) Quand il peut y avoir confusion par analogie : ce sont des États/unis par un idéal commun, par opposition aux **États-Unis** d'Amérique.

h) Lorsque plusieurs liaisons de même sonorité sont trop rapprochées, on en supprime une par euphonie : les uns/et les autres ; allez/aux eaux !

i) Autres cas : donnez-m'en/une ! Sont-ils/arrivés ?

j) Après le quantième du mois.
Pas de liaison prononcée « z » après un quantième du

mois terminé par -s ou -x ainsi que « t » après **vingt**, car le nombre ne multiplie pas le nom qu'il précède. Dans ces cas, les nombres **deux**, **trois**, **six**, **dix** et **vingt** se prononcent comme s'ils étaient isolés, soit « **deu**, **troi**, **siss**, **diss**, **vin** ». D'où :

EN FAISANT LA LIAISON	SANS FAIRE LA LIAISON
deux (z) avenues	le deux/avril
trois (z) outils	le trois/août
six (z) oranges	le six (siss) octobre
dix (z) avocats	le dix (diss) avril
vingt (t) ouvriers	le vingt (vin) août

REMARQUE. Noter que, devant un nom de mois commençant par une consonne, le quantième du mois prend la prononciation du nombre isolé. Soit :

SANS PRONONCER LA CONSONNE FINALE	EN PRONONÇANT LA CONSONNE FINALE
cinq (cin) francs	le cinq (cink) février
six (si) notaires	le six (siss) novembre
huit (hui) marins	le huit (huitt) mars

6°) De l'orthographe à la prononciation

Trop nombreux sont les professionnels de la parole qui, par pure ignorance d'une règle d'orthographe élémentaire, s'abstiennent prudemment de faire la liaison en prononçant : **quatre-vingts/étudiants** et **cent vingt/élèves**. Or, ils savent pourtant que tout le monde respecte la liaison dans **quatre-vingts ans** (prononcé « **zan** ») et **cent vingt ans** (prononcé « **tan** »).

La règle est toute simple : on écrit **quatre-vingts*** au pluriel, car le premier nombre multiplie le second. D'où, en faisant la liaison : **quatre-vingts étudiants** (prononcé « **zétudiants** »). Inversement, le nombre **cent** ne multipliant pas **vingt** dans **cent vingt** (sans trait d'union), ce dernier nombre reste tout naturellement au singulier. D'où : **cent vingt élèves** (prononcé « **télèves** »). Il va de soi que la question ne se pose pas devant un « **h** » d'hiatus : **quatre-vingts/hérons, cent vingt/hêtres**.

Enfin, le nombre **cent** prend la marque du pluriel quand il est multiplié par le nombre qui le précède**, ce qui impose la liaison : **deux cents artilleurs** (prononcé « **zartilleurs** »), ce qui exclut la forme fautive « **deux cents/artilleurs** » due, ici encore, à l'ignorance d'une règle élémentaire d'orthographe.

---

* Non suivi d'un autre nombre.
** Sans être suivi d'un autre nombre.

MOTS ÉTRANGERS
TROP SOUVENT ESTROPIÉS

1°) Mots anglais

a) Quand le digramme « **ea** » ne se prononce pas comme dans **leader**.

N'oublions pas que les mots **head** (tête) et **bread** (pain) se prononcent comme s'ils s'écrivaient « **hed** » et « **bred** ». De la même façon, les noms **Reagan**, (Flushing) **Meadow**, **dead** (-heat), **sweat** (-shirt) et **sweater** se prononcent respectivement : « **Reggan, Meddow, ded, swet, swetter** » et non pas comme s'ils s'écrivaient « Reegan, Meedow, deed, sweet et sweeter », fautes courantes dues à un enseignement défectueux de l'anglais. Quant à la ville américaine de **Seattle**, son nom ne se prononce pas « Seetle » rappelant les **Beatles**, mais bel et bien « **Si-attle** ».

b) Quand le « **u** » ne se prononce pas.

Il est muet dans les noms **Guardian** (journal britannique) et Horse **Guards**, qui ne se prononcent donc pas « gouardian » et « Horse gouards », comme s'ils étaient espagnols ou italiens.

c) Quand « **ush** » ne rime pas avec « **rush** ».

Le patronyme du président américain George **Bush** ne rimant pas avec **rush** mais avec **push** (pousser), on le prononcera « **bouche** » dans un contexte français et non pas « beuche » comme le font certains par pure ignorance.

d) Quand « **ch** » se prononce comme « **sh** ».

Le « **ch** » de **Chicago** ne se prononçant pas « tch » comme dans **chips**, il est grotesque de dire « Tchicago » comme s'il s'agissait d'un nom espagnol. La première syllabe se prononce tout simplement comme dans l'anglais **ship**.

e) Confusion entre « **oc** » et « **oo** ».

Trop de gens prononcent le nom **Lockheed** comme s'il s'écrivait « Lookheed ». Or, la première syllabe s'écrit **lock** rimant avec **stock** et non avec **look**. C'est le bon sens même.

f) Le président **Roosevelt**.

Étant d'origine néerlandaise, ce patronyme ne se prononce pas « roux svelte », la première syllabe ne contenant pas le son vocalique de **boom**, mais celui de **rose**.

g) Le digramme « **sh** » n'est pas « **tch** ».

Il faut vraiment ne pas savoir lire pour déformer les mots **smash** et **squash** en « smatch » et « squatch » !

2°) *Mots allemands*

a) L'allemand n'est pas de l'anglais...

1. Le « **w** » allemand étant l'équivalent de notre « **v** », les noms **Wagram**, **Walter** et **Willy** se disent « **Vagram, Valter, Villy** » et non pas « Ouagram, Oualter, Ouilly ». Quant au nom du docteur **Schweitzer**, il est absurde de le prononcer « chouettes airs ».

2. Le premier « **e** » du prénom allemand **Peter** se prononce « **é** » et non pas « i ».

3. Les noms **putsch** et **Nürburgring** ne se prononcent nullement « peutch » et « Neurbeurring », car le « ü » équivaut à un « u » français et le « u » se dit comme notre « ou ». C'est pourquoi il est absurde de prononcer « Meuster » le nom du champion autrichien de tennis **Muster**, dont la première syllabe se dit « **mousse** ».

b) Excès de zèle...
1. Pourquoi prononcer les deux dernières lettres (-**ps**) d'Afrika **Korps**, qui sont aussi muettes que dans le français **corps** ?
2. Il est encore plus absurde de déformer le **Führer** en « fourreur » dans l'intention de faire plus allemand, vu que le « ü » allemand équivaut au premier « u » du français **fureur** !
3. Certes, le groupe « **st** » se prononce « **cht** » dans des mots comme **Staat** et **Sturm**. Mais ces deux consonnes appartenant à deux syllabes différentes dans le nom du **Bundestag**, parlement de la R.F.A., il est incorrect de prononcer « -chtag », vu qu'il faut dire « -**stag** ».

c) Divers.
1. Le patronyme de Marlène **Dietrich** ne s'est jamais prononcé « diète ritch », mais « **ditrich** ».
2. Dans le nom de villes alsaciennes comme **Molsheim**, il faut dissocier le « **s** » du « **h** » du suffixe et ne pas dire « Molchèm », mais « **Mols-heim** ».

3°) Mots espagnols : excès de zèle

Croyant faire plus espagnol, de beaux esprits déforment **Miguel Dominguin** en « Migouel Domingouin », ignorant que dans « **gue** » et « **gui** » le « **u** » est aussi muet que dans les mots français **gué** et **gui**. Il est tout aussi absurde de prononcer « Couito » le nom de la capitale de l'Équateur, qui est **Quito**, où la première syllabe se dit tout bonnement comme le français **qui**. Est-il vraiment bien raisonnable de compliquer les choses à ce point pour obtenir un résultat aussi faux que grotesque ?

4°) L'italien « gli »

Ne pas prononcer le « **g** » de noms comme **Modigliani** et **Badoglio**.

5°) Le néerlandais

a) Le digramme « **oe** » se prononce comme notre « **ou** ». C'est pourquoi un **boer** n'est autre qu'un « **bour** ».

b) La voyelle double « **ee** » correspond à un « **é** » long. Il n'y a donc aucune raison de prononcer à l'anglaise le nom du joailler Van **Cleef** pour le déformer en « Van Clif ».

6°) Le digramme « oe » du danois « Groenland »

Il se prononce « **eu** » comme dans les noms allemands **Goethe** et **Koenig**, et non pas en deux syllabes comme dans **troène**, où le « **e** » porte un accent grave. Il faut donc lire « **Greunland** » en deux syllabes, comme le fait si bien Paul-Émile Victor.

7°) *Mots russes : excès de zèle*

Les noms du maréchal **Joukov** et de l'écrivain **Soljenit-syne** s'écrivent en français avec un « **j** » qui représente tout simplement le son contenu deux fois dans notre **joujou**. Si ce « **j** » avait la valeur qu'il a en allemand, ces deux patronymes s'écriraient respectivement « Youkov » et « Solyenitsyne ». Cette évidence n'empêche pas de beaux esprits de les prononcer de cette façon archifausse. Le désir qu'ont les pédants de se distinguer ne connaît pas de limites.

8°) *Le kamikaze japonais*

Son nom se prononce en quatre syllabes, la dernière n'étant autre que « **-zé** ». Il n'y a donc aucune raison de le franciser en « qu'ami case »...

9°) *Encore cet excès de zèle...*

Qu'il s'agisse de l'Américain Sidney **Bechet**, du Brésilien Nelson **Piquet** ou du Chilien Augusto **Pinochet**, le **-t** final est aussi muet que dans le français **piquet**, par exemple. Raison de plus pour s'épargner le ridicule de prononcer « Béchette » et « Piquette » alors même que, trop souvent, on francise paresseusement des patronymes étrangers. Où est la logique dans tout cela ?

MISES EN GARDE
COMPLÉMENTAIRES

1°) Ingrédient

La dernière syllabe de ce nom ne se prononce pas comme celle de **comédien**, mais comme celle du nom (un) **expédient**.

2°) Zoo

Abréviation de l'adjectif **zoologique**, ce nom ne se prononce pas « zou » à l'anglaise, mais **zo-o** en deux syllabes.

3°) Tandis

Il est recommandé de ne pas faire entendre le -s final et de faire rimer **tandis** avec **radis**, non pas avec **jadis**, dont le -s se prononce.

4°) Un vulgarisme tenace

Quand on dit : « **Il l'a su** », il va de soi qu'on prononce deux « l », à savoir celui du pronom sujet et celui auquel est réduit le pronom complément. Trop souvent, ce double « l » s'entend paradoxalement dans des phrases telles que : « On l'a vu » et « Tu l'as dit », déformées en : « On ll'a vu » et « Tu ll'as dit ».

5°) *Solution de facilité*

Il ne faut pas déformer **million** et **milliard** en « miyon » et « miyard »* ni faire d'un « **fusilier** » un « fusillé », comme on l'entend trop souvent à la radio et à la télévision.

6°) *Mots d'origine étrangère*

a) CURRY

Pour transcrire le mot tamil **kari**, désignant une épice, les Anglais emploient la graphie **curry**, qui se prononce à peu près de la même façon, car ce « u » est un son très ouvert assez voisin d'un « a », ce qui n'est pas du tout le cas en français. Nous n'avons donc aucune raison d'écrire et de prononcer le nom de cette épice comme le patronyme de Pierre **Curie** ! Il est plus simple et plus logique d'écrire et de prononcer **cari**.

b) SOJA

En français, ce nom d'origine exotique s'écrit également **soya**, graphie qui correspond à sa véritable prononciation. Alors, pourquoi l'écrire **soja**, rimant avec **naja** ? Il s'agit tout simplement de la graphie **allemande**, justifiée par le fait que la syllabe « ja » se prononce « ya ». Le français n'étant pas de l'allemand, mieux vaudrait renoncer à

---

* Voir page 169.

187

écrire **soja** pour ne conserver que **soya**, attesté par les dictionnaires.

c) PUTSCH

Rappelons que, dans ce nom d'origine allemande, la voyelle se prononce « **ou** » comme dans « **pou** »*, et non pas « eu » comme dans **bluff** et **club**, empruntés à l'anglais.

d) IMPRÉSARIO

Ce mot étant d'origine italienne, le « **s** » se prononce tout bonnement « **z** » comme dans le français **présage**. Quoi de plus facile ? Est-il vraiment bien raisonnable de le prononcer « **s** » à l'espagnole ?

e) FUCHSIA

Le nom de cette fleur vient de l'allemand **Fuchs**, où les trois dernières consonnes se prononcent « **x** » comme dans celui de ce colorant appelé **fuchsine**, qui se dit « **fuxine** ». Il n'y a donc aucune raison de déformer en « fuchia » la prononciation du nom écrit **fuchsia**, qui doit se dire « **fuxia** », à l'instar de **fuchsine**.

f) HANDBALL

Quand nous parlons de sports comme le football**, le basket-ball et le volley-ball, qui ont vu le jour dans des pays de langue anglaise, nous prononçons « **bôl** », comme dans La **Baule**, le second élément d'une manière assez voisine de l'original.

Bien qu'il ait une allure anglaise, le nom **handball**, formé de deux mots allemands signifiant respectivement « main » et « ballon », désigne un sport venu d'Allemagne avant la dernière guerre. Il n'y a aucune raison de prononcer le second élément à l'anglaise et, puisque l'allemand **Ball** est homophone du français **balle**, il faut dire à la français le second élément du mot **handball**.

* Voir page 183.
** Les Espagnols écrivent **futbol**, phonétiquement.

IV. GRAMMAIRE

Bien conçue, la grammaire ne devrait pas être une science abstraite, aride et rebutante, car elle est au langage ce que le code de la route est à la conduite.

LE GENRE DES NOMS

1°) Parmi les noms dont le genre peut prêter à confusion

Quand, commençant par une voyelle ou un « **h** » dit « muet », certains noms sont précédés de l'article défini élidé et ne sont suivis d'aucun qualificatif indiquant le genre, l'ignorance de ce dernier peut passer inaperçue. Exemple : l'**astérisque** est ici nécessaire, l'**antidote** se révéla inefficace, l'**autoroute** était impraticable, l'**interview** sera rapide.

Il en va de même si les noms sont employés au pluriel : les **effluves** électriques, des **icônes** bulgares, leurs **pétales** jaunes, ces **tubercules** comestibles. Mis à part ces cas favorables, il en est d'autres où on ne saurait dissimuler l'ignorance du genre des noms.

Dans les deux listes ci-dessous permettant d'éviter les erreurs les plus fréquentes, on remarquera que plus des deux tiers des noms commencent par une voyelle ou un « **h** » d'élision.

GENRE MASCULIN		GENRE FÉMININ	
albâtre	antidote	acné	amnistie
alvéole	antipode	acoustique	anagramme
ambre	antre	alcôve	antichambre
amiante	apogée	algèbre	arrhes

GENRE MASCULIN		GENRE FÉMININ	
armistice	hyménée	atmosphère	icône
asphalte	insigne	autoroute	immondices
astérisque	jade	avant-scène	interview
âtre	jute	azalée	mandibule
augure	lignite	campanule	moustiquaire
décombres	obélisque	ébène	nacre
effluves	opprobre	ébonite	oasis
emblème	pétale	échappatoire	omoplate
éphémère	planisphère	écritoire	optique
équinoxe	poulpe	encaustique	primeur
esclandre	sépale	éphéméride	réglisse
globule	tentacule	épigramme	scolopendre
haltère	termite	épitaxis	topaze
hémisphère	tubercule	équivoque	volte-face

REMARQUE. On opposera utilement :
un alvéole à la rubéole ; un armistice à une amnistie ;
un campanile à une campanule ; un pétale à une pédale ;
un hémisphère et un planisphère à une atmosphère ;
un exutoire et un prétoire à une échappatoire et une écritoire ;
un télégramme à une anagramme et une épigramme.

2°) Parmi les noms à double genre

cartouche	garde	mémoire	pendule
couple	gîte	mode	physique
crêpe	greffe	office	poste
enseigne	manche	parallèle	voile

a) Du genre **masculin** au singulier, les noms **amour**, **délice** et **orgue** sont, au pluriel, du genre **féminin**. D'où :

Un **fol** amour, de **folles** amours.

Un **pur** délice, de **pures** délices.

Un **grand** orgue, de **grandes** orgues.

b) Contrairement aux seize noms du tableau ci-dessus, les noms suivants, associés deux à deux, ne sont pas étymologiquement apparentés :

Un coche et **une** coche, **un** livre et **une** livre, **un** moule et **une** moule, **un** mousse et **une** mousse, **un** page et **une** page, **un** poêle et **une** poêle, **un** somme et **une** somme, etc.

3°) Le sexe et le genre

a) Quand le sexe est clairement indiqué.

1. Noms d'**animaux**.

Un **chien** et une **chienne**, un **lion** et une **lionne**, un **loup** et une **louve**, un **tigre** et une **tigresse**, etc.

2. Noms de **personnes**.

Un **écolier** et une **écolière**, un **nageur** et une **nageuse**, un **épicier** et une **épicière**, un **savant** et une **savante**, etc.

REMARQUE. Dans les cas suivants, où le nom est commun aux deux sexes, l'article indéfini permet néanmoins de faire la distinction :

Un **élève** et **une** élève, **un** athlète et **une** athlète, **un** chimiste et **une** chimiste, **un** pianiste et **une** pianiste, etc.

b) Quand le nom et le genre sont communs aux deux sexes (noms épicènes).

1. Noms d'**animaux**.

Genre **masculin**. Qu'ils soient mâles ou femelles, on dit : **un** pou, **un** grillon, **un** crapaud, **un** homard, **un** léopard, **un** rhinocéros, **un** hippopotame, etc.

Genre **féminin**. Sans tenir compte du sexe, on dit : **une** puce, **une** mouche, **une** grenouille, **une** ablette, **une** tanche, **une** panthère, **une** baleine, etc.

> REMARQUE. Contrairement à ce qui se passe en français, l'allemand désigne **le pou** et **le crapaud** par un nom **féminin** : **die Laus** et **die Kröte**. Inversement, **la puce** et **la grenouille** sont du masculin : **der Floh**, **der Frosch**. L'anglais simplifie la question en en faisant des neutres.

2. Noms de **personnes**.

Genre **féminin**. En dépit de son sexe, un homme peut fort bien être **une** personne, **une** recrue, **une** sentinelle, **une** victime, **une** vedette, **une** personnalité, ainsi qu'**une**... canaille et **une** fripouille.

Genre **masculin**. Après avoir été **un** bébé et **un** nourrisson, une femme peut fort bien être **un** mannequin, **un** modèle, **un** otage, **un** témoin, **un** tyran, puis **un** peintre, **un** médecin, **un** juge, **un** capitaine, **un** professeur, **un** maire, **un** député, **un** sénateur, **un** président, etc.

> REMARQUE. La **mairesse** est l'épouse du maire, la **générale** celle du général, la **présidente** celle du président, etc. Une femme exerçant la fonction de **maire** ou de **président** n'est donc ni une mairesse, ni une présidente. Si l'on considère le nombre de noms féminins servant à désigner un homme, une femme n'a donc aucune raison de se déclarer victime de « sexisme » quand on lui dit Madame **le Maire**, Madame **le Sénateur**, Madame **le Président**. Qu'elle soit considérée comme **un** peintre, **un** écrivain ou **un** médecin n'a rien de frustrant. Tel est le cas d'un homme qui, selon les circonstances, devient **une** recrue, **une** sentinelle, **une** vedette, **une** personnalité.

4°) Un cas d'...espèce

L'Académie française a rappelé à juste titre que le nom **espèce** est du genre **féminin**, quel que soit le genre de son complément. Il ne faut pas dire, par exemple, « **un** espèce de légume », mais **une** espèce de légume, bien que le dernier nom soit du genre masculin.

REMARQUE. Il est assez fréquent que les gens emploient le nom **espèce** pour gagner du temps, alors qu'ils ne savent pas encore quel en sera le complément. Ils diront, par exemple : « J'ai vu une **espèce** de... » en s'apprêtant à compléter la phrase, faute de mieux, par **jaguar**. Mais il n'est pas impossible que, chemin faisant, ils préfèrent le mot **panthère**. Il est donc absurde de dire « **un** espèce » en pensant au masculin **jaguar**, puisqu'il n'est pas exclu qu'il soit remplacé par le féminin **panthère**, la phrase définitive étant alors : « J'ai vu **un** espèce de... panthère. » Il va de soi que, en disant toujours « **une** espèce », comme il convient, on ne risquera pas de commettre ce genre d'incorrection dû à un « repentir » de dernière seconde.
Si l'on tolère « **un** espèce », le jour n'est peut-être pas loin où le nom féminin « **une** sorte » changera, lui aussi, de genre devant un complément masculin, ce qui donnera alors « **un** sorte de jaguar » au lieu de « **une** sorte de jaguar », formule qui, ainsi que « **une** espèce de jaguar », est la seule qui soit à la fois normale, logique et correcte.

FORMATION ET EMPLOI
DU PLURIEL

1°) *Le pluriel des noms communs*
(substantifs)

a) En règle générale, on ajoute un **-s** au nom singulier. Exemples : un verre, un gobelet, une tasse et un bol ; des **verres**, des **gobelets**, des **tasses** et des **bols**.

> *REMARQUE.* Contrairement à ce qui se passe en anglais et en espagnol, ce **-s** est muet, ce qui peut, dans certains cas, poser de délicats problèmes : gelée de **groseille**, mais confiture de **groseilles**.

b) Les noms terminés au singulier par **-s**, **-x**, **-z** ne changent pas au pluriel.
Exemples : un repas dans un taudis, une croix, une perdrix, un nez, un gaz ; des **repas** dans des **taudis**, des **croix**, des **perdrix**, des **nez**, des **gaz**, etc.

c) Pluriel en **-x**.
1. Tous les noms en **-eau**.
Un veau, des **veaux** ; un gâteau, des **gâteaux** ; un château, des **châteaux**, etc.
2. Les noms en **-au**, sauf deux.
Un préau, des **préaux** ; un fléau, des **fléaux**, un fabliau, des **fabliaux**, etc.

> *EXCEPTIONS.* Un landau, des **landaus** ; un sarrau, des **sarraus**.

3. Les noms en **-eu**, sauf quatre.

Un feu, des **feux** ; un jeu, des **jeux** ; un pieu, des **pieux**, etc.

> EXCEPTIONS. Un bleu, des **bleus** ; un émeu, des **émeus** ; un lieu (poisson), des **lieus** ; un pneu, des **pneus**.

4. Sept noms en **-ou**.

Un bijou, des **bijoux** ; un caillou, des **cailloux** ; un chou, des **choux** ; un genou, des **genoux** ; un hibou, des **hiboux** ; un joujou, des **joujoux** ; un pou, des **poux**.

Sinon, **-s** : un trou, des **trous** ; un gnou, des **gnous** ; un acajou, des **acajous** ; un verrou, des **verrous**, etc.

5. Les noms en **-al** font généralement **-aux**.

Un cheval, des **chevaux** ; un bocal, des **bocaux** ; un amiral, des **amiraux** ; un urinal, des **urinaux** ; un original, des **originaux**, etc.

> EXCEPTIONS. Un aval, des **avals** ; un bal, des **bals** ; un cal, des **cals** ; un cantal, des **cantals** ; un caracal, des **caracals** ; un carnaval, des **carnavals** ; un cérémonial, des **cérémonials** ; un chacal, des **chacals** ; un festival, des **festivals** ; un gavial, des **gavials** ; un mistral, des **mistrals** ; un narval, des **narvals** ; un nopal, des **nopals** ; un pal, des **pals** ; un récital, des **récitals** ; un régal, des **régals** ; un rorqual, des **rorquals** ; un serval, des **servals** ; un sisal, des **sisals**.

> REMARQUE. Des **idéals** concurrence des **idéaux**.

6. Principaux noms en **-ail** faisant leur pluriel en **-aux**. Un bail, des **baux** ; un corail, des **coraux** ; un émail, des **émaux** ; un soupirail, des **soupiraux** ; un travail, des **travaux** ; un vantail, des **vantaux** ; un vitrail, des **vitraux**.

> REMARQUE 1. Désignant une machine utilisée par le maréchal-ferrant, le nom **travail** fait son pluriel en **-s** : des **travails**.

> REMARQUE 2. Le nom **ail** a deux pluriels : des **ails** et des **aulx**, prononcé comme des **os** et comme des **eaux**.

7. **Aïeul, ciel** et **œil**.

Ces noms ont deux formes de pluriel. On opposera :

Des **aïeux** (ancêtres) à des **aïeuls** (grands-parents).

Des **cieux** à des **ciels** (en peinture).

Des **yeux** à des **œils** (-de-bœuf, -de-perdrix, etc.) ainsi qu'à des **œils** de voiles, de marteaux, de caractères d'imprimerie.

d) Pluriel des noms composés.

1. Écrits en un seul mot.

Seul le dernier élément prend la marque du pluriel. Un bonbon, des **bonbons** ; un gendarme, des **gendarmes**, un contrecoup, des **contrecoups** ; un portefeuille, des **portefeuilles**.

> *SIX EXCEPTIONS.* Madame, **Mesdames** ; Mademoiselle, **Mesdemoiselles** ; Monsieur, **Messieurs** ; Monseigneur, **Messeigneurs** ; un bonhomme, des **bonshommes** ; un gentilhomme, des **gentilshommes**.

2. Écrits avec un ou plusieurs traits d'union.

> *A.* Nom + adjectif.
> Adjectif + nom.
> Adjectif + adjectif.

Les deux éléments prennent la marque du pluriel. Un coffre-fort, des **coffres-forts** ; une basse-cour, des **basses-cours** ; un sourd-muet, des **sourds-muets**.

> *B.* Nom + nom.

Simplement apposés, ils prennent tous deux la marque du pluriel.

Exemples : un chou-fleur, des **choux-fleurs** ; un oiseau-mouche, des **oiseaux-mouches** ; un chien-loup, des **chiens-loups**, etc.

Mais si le second élément est le complément déterminatif du premier, seul celui-ci prend la marque du pluriel.

Exemples : un bain-marie, des **bains**-marie ; un timbre-poste, des **timbres**-poste ; un arc-en-ciel, des **arcs**-en-ciel ; une eau-de-vie, des **eaux**-de-vie, etc.

C. Verbe + nom.

L'élément verbal reste invariable ; quant au second, il est, selon le sens, au singulier ou au pluriel. Au **singulier** : un chasse-neige, des chasse-**neige** ; un garde-manger, des garde-**manger** ; un gratte-ciel, des gratte-**ciel**, etc. Au **pluriel** : un garde-fou, des garde-**fous** ; un tire-bouchon, des tire-**bouchons** ; un couvre-lit, des couvre-**lits**, etc.

D. Adverbe ou préposition + nom.

Seul le nom peut prendre la marque du pluriel. Tel est le cas dans : un haut-parleur, des haut-**parleurs** ; un en-tête, des en-**têtes** ; un avant-projet, des avant-**projets** ; etc. Inversement : un sous-main, des sous-**main** ; un sans-abri, des sans-**abri** ; un sans-parti, des sans-**parti**, etc.

E. Autres noms composés.

Ils ne prennent pas la marque du pluriel.

Exemples : un laissez-passer, des **laissez-passer** (le second élément est un infinitif) ; un on-dit, des **on-dit** (le second élément est un verbe à une forme conjuguée).

REMARQUE. Tous les cas d'espèce n'ayant pu être mentionnés ci-dessus, il est conseillé d'avoir recours à un bon dictionnaire pour vérifier le pluriel de certains noms composés.

2°) *Le pluriel des noms propres*

a) Noms géographiques.

On opposera utilement :

Le département de la **Charente** (singulier) à la région Poitou-**Charentes** (au pluriel).

Le département de la Loire-**Atlantique** (au singulier) à celui des Pyrénées-**Atlantiques** (pluriel), où ce dernier mot est un adjectif.

La région de Champagne-**Ardenne** (singulier) au département des **Ardennes** (pluriel).

b) Noms de personnes.

En principe, les noms propres de personnes devraient être invariables puisque, dans certains cas, le **-s** du pluriel risque d'en altérer la physionomie : **Moulin** ou **Moulins**, **Lévi** ou **Lévis**, etc. Mais ils ne le sont pas toujours.

1. Cas où les noms propres de personnes prennent la marque du pluriel.

A. Quand ils désignent des **familles illustres**, souvent royales ou princières : les **Horaces** et les **Curiaces**, les **Condés**, les **Bourbons**, les **Stuarts**, les **Tudors**.

B. Quand, pour désigner une catégorie de personnes, ils sont en quelque sorte employés comme des **noms communs** : on n'a jamais vu de **Cicérons** à cette tribune ; il y a chez les jeunes plus de **Mozarts** en puissance qu'on ne se l'imagine.

2. Cas où les noms propres de personnes ne prennent pas la marque du pluriel.

A. Quand ils ne désignent pas des familles illustres : les **Rougon-Macquart** d'Émile Zola.

B. Quand ils désignent des gens portant le même patronyme : dans ce lycée, il y a plus de **Martin** que de **Dupont** et **Durand** réunis.

C. Quand ils désignent de façon emphatique un seul personnage : les grandes capacités des **Sully**, des **Colbert**.

REMARQUE. Il y a hésitation en ce qui concerne les noms propres de personnes servant à désigner des ouvrages célèbres ou des œuvres d'art : deux **Rembrandts** et deux **Raphaëls**, mais des **Titien** et des **Matisse**. ⸱

3°) *Le pluriel des adjectifs qualificatifs*

a) En règle générale et comme pour les noms, on ajoute un -s au singulier. Exemples : un enfant blond, des enfants **blonds** ; un abri sûr, des abris **sûrs** ; un chien fou, des chiens **fous**, etc.

b) Les adjectifs qualificatifs terminés au singulier par -s et -x ne changent pas au pluriel. Exemples : un chat gris, des chats **gris** ; un homme heureux, des hommes **heureux**, etc.

c) Pluriels en -x.
Quatre adjectifs entrent dans cette catégorie : **beau, jumeau, nouveau, hébreu**. D'où :
Un beau fruit, de **beaux** fruits ; un frère jumeau, des frères **jumeaux** ; un vin nouveau, des vins **nouveaux** ; un texte hébreu, des textes **hébreux**.

> *REMARQUE.* Les deux adjectifs **bleu** et **feu** (défunt) prennent un -s et non un -x au pluriel. D'où :
> Un bas-bleu, des bas-**bleus** ; notre feu oncle, nos **feus** oncles.

d) Les adjectifs en -**al** font généralement -**aux**. Exemples : un tigre royal, des tigres **royaux** ; un ami loyal, des amis **loyaux** ; un péché capital, des péchés **capitaux** ; un conflit mondial, des conflits **mondiaux** ; un homme brutal, des hommes **brutaux**, etc.

> *EXCEPTIONS.* Parmi les adjectifs en -**al** prenant un -s au pluriel : **banal, fatal, final, natal, naval, tonal**. Exemples : un propos banal, des propos **banals** ; un geste fatal, des gestes **fatals** ; un pays natal, des pays **natals** ; un combat naval, des combats **navals**, etc.

REMARQUES. Le pluriel de **banal** est **banaux** dans des fours **banaux**. Les adjectifs **jovial** et **pascal** prennent les deux pluriels, d'où : **jovials** ou **joviaux**, **pascals** ou **pascaux**.

4°) L'emploi du pluriel

a) Parmi les noms n'existant qu'au pluriel.

ambages	écrouelles	mânes	relevailles
armoiries	épousailles	mœurs	représailles
arrhes	frais	nippes	royalties
broussailles	frusques	obsèques	semailles
catacombes	funérailles	ouailles	ténèbres
condoléances	gémonies	pénates	victuailles
dépens	immondices	pourparlers	vivres

REMARQUE 1. L'expression **sans ambages** signifie **sans détours, sans circonlocutions**. Mais, contrairement à ces deux derniers, le nom **ambages** ne possède pas de singulier.

REMARQUE 2. Contrairement au nom **blason** dont il est l'équivalent, le nom **armoiries** ne s'emploie pas au singulier.

REMARQUE 3. Même remarque pour **épousailles** par rapport à **célébration d'un mariage**.

REMARQUE 4. Le singulier **immondice** n'appartient plus à l'usage courant.

REMARQUE 5. Considéré comme désuet, le singulier **nippe** est défini par « objet servant à l'ajustement et à la parure ». Dans son acception actuelle, le pluriel **nippes** est l'équivalent de **fringues, frusques** et **hardes**, également employés au pluriel.

REMARQUE 6. C'est par erreur que, de nos jours, bien des gens emploient le faux singulier « **une** représaille ». On dira « une action de **représailles** ».

REMARQUE 7. Il y a intérêt à savoir que le nom **ténèbres** est du genre **féminin** : d'**épaisses** ténèbres.

REMARQUE 8. Le nom **vivre**, verbe substantivé, est employé au singulier dans l'expression « le **vivre** et le couvert », signifiant « la nourriture et le logement », le singulier **couvert** ne devant pas être pris pour le pluriel **les couverts** (fourchettes, cuillers, couteaux).

b) Option entre le singulier et le pluriel.

1. **Fini, vive, c'est.**
Fréquent est, aujourd'hui, l'emploi du singulier dans : **fini** les vacances, **vive** les vacances, **c'est** les vacances.
Moins contesté et plus élégant est l'emploi généralisé du **pluriel**, qui satisfait la logique. D'où : **finies** les vacances, **vivent** les vacances, **ce sont** les vacances.

2. **Des plus...**
Cette locution revient à dire « **parmi** les plus ». Or, puisque l'on dit d'un homme qu'il figure parmi **les plus loyaux**, on dira, en mettant l'adjectif au **pluriel** : un homme des plus **loyaux**, des plus **vaillants**, des plus **énergiques**.
Inversement, l'adjectif reste au **singulier** s'il se rapporte à un **pronom neutre** ou à un **verbe**. D'où : cela m'est des plus **agréable**, traverser la Manche à la nage est des plus **exténuant**.

3. **Un des... qui...**
Trop souvent, on lit et on entend des phrases incorrectes du genre de : « Un des rares alpinistes qui **a** escaladé le mont Everest. » L'antécédent du pronom relatif étant un nom au **pluriel**, l'accord impose tout naturellement le verbe au **pluriel**, soit : « Un des rares alpinistes qui **ont** escaladé le mont Everest. »

4. Les pronoms sujets **nous** et **vous**.

S'ils représentent au moins deux personnes, le verbe est naturellement au **pluriel** : nous sommes peu **satisfaits**, vous êtes trop **impatients**.

Quand le pronom **vous** s'adresse à **une seule** personne, le verbe est au singulier : jeune homme, vous êtes bien **indolent**. Il en va de même pour **nous** mis pour *je*, quand l'auteur s'exprime en son nom personnel : nous avons été **déçu** par ce spectacle. Une femme écrira : nous avons été **enchantée** du spectacle. C'est le pluriel dit « de majesté » ou « de modestie ».

5. **Contre vent et marée**.

Pour une raison difficile à expliquer, cette expression signifiant « en dépit de tous les obstacles » est presque toujours employée en mettant les deux noms au pluriel, soit : « contre **vents** et **marées** ». Or, l'image au demeurant toute simple évoque un bateau à voiles prenant la mer en dépit **du vent** et de **la marée** défavorables. Sachant que, au moment du départ, il n'y a normalement qu'**un vent** dominant et qu'**une marée** ascendante ou descendante, la logique impose d'écrire au **singulier** : **contre vent et marée**.

6. Quelques cas particuliers.

A. Bien qu'on marche sur ses deux pieds, on va **à pied** en mettant ce nom au **singulier**.

B. Même si deux mains se serrent, on écrit une poignée de **main**, un serrement de **main**, ce dernier nom étant au **singulier**.

C. On opposera un mille-**feuille**, sans -s, à un mille-**pattes**. On opposera aussi un **portefeuille**, sans -s, à un porte-**billets**.

D. On remarquera la marque du **pluriel** dans des **ayants** droit.

LE VERBE

1°) *Conjugaison aux temps simples*

a) Verbes du **premier groupe**.

Ils constituent la catégorie la plus nombreuse, qui regroupe tous les verbes se terminant par **-er**, sauf **envoyer**, **renvoyer** et **aller**[*], lequel ne ressortit au premier groupe que dans les formes où se retrouve son radical **all-**, ce qui exclut :

1. Quatre personnes sur six du présent de l'indicatif et du subjonctif.

2. Le futur simple de l'indicatif et le présent du conditionnel.

3. Le singulier de l'impératif : **va**.

INFINITIF : **aider**		PARTICIPE présent : **aidant** passé : **aidé**	
INDICATIF			
Présent	Imparfait	Passé simple	Futur simple
j'**aide**	j'**aidais**	j'**aidai**	j'**aiderai**
tu **aides**	tu **aidais**	tu **aidas**	tu **aideras**
il **aide**	il **aidait**	il **aida**	il **aidera**
nous **aidons**	nous **aidions**	nous **aidâmes**	nous **aiderons**
vous **aidez**	vous **aidiez**	vous **aidâtes**	vous **aiderez**
ils **aident**	ils **aidaient**	ils **aidèrent**	ils **aideront**

[*] Voir page 208.

CONDITIONNEL	SUBJONCTIF		IMPÉRATIF
Présent	Présent	Imparfait	Présent
j'aiderais	que j'aide	que j'aidasse	. . . .
tu aiderais	que tu aides	que tu aidasses	aide
il aiderait	qu'il aide	qu'il aidât	. . . .
nous aiderions	que nous aidions	que nous aidassions	aidons
vous aideriez	que vous aidiez	que vous aidassiez	aidez
ils aideraient	qu'ils aident	qu'ils aidassent	. . . .

REMARQUE 1. Devant un « **e** » muet, le « **y** » des verbes en -**ayer** peut, au choix, se maintenir ou se changer en « **i** », ce qui est le plus courant. D'où : (que) je **paie** ou **paye** ; (qu') ils **essaient** ou **essayent**.

REMARQUE 2. Devant un « **e** » muet, le « **y** » des verbes en -**oyer** et -**uyer** se change en « **i** ». D'où : je **broierai**, nous **essuierions**.

REMARQUE 3. Devant un « **a** », le « **g** » des verbes en -**ger** est toujours suivi d'un « **e** ». D'où : je **rangeai**, ils **songeaient**.

REMARQUE 4. Devant un « **a** », le « **c** » des verbes en -**cer** prend toujours une **cédille**. D'où : tu **plaçais**, ils **pinçaient**.

REMARQUE 5. Pour le redoublement de la consonne des verbes en -**eler** et -**eter**, voir pages 126-127.

b) Verbes du **deuxième groupe**.

Après les verbes du premier groupe, ils constituent la catégorie la plus nombreuse, qui regroupe la majorité de ceux dont l'infinitif se termine par -**ir**, la minorité étant du troisième groupe. A ce dernier appartiennent des verbes comme **tenir** et **venir**, qui ne se conjuguent donc pas sur le modèle de **finir**.

INFINITIF : **finir**	PARTICIPE présent : **finissant** passé : **fini**

INDICATIF

Présent	Imparfait	Passé simple	Futur simple
je **finis**	je **finissais**	je **finis**	je **finirai**
tu **finis**	tu **finissais**	tu **finis**	tu **finiras**
il **finit**	il **finissait**	il **finit**	il **finira**
nous **finissons**	nous **finissions**	nous **finîmes**	nous **finirons**
vous **finissez**	vous **finissiez**	vous **finîtes**	vous **finirez**
ils **finissent**	ils **finissaient**	ils **finirent**	ils **finiront**

CONDITIONNEL	SUBJONCTIF		IMPÉRATIF
Présent	Présent	Imparfait	Présent
je **finirais**	que je **finisse**	que je **finisse**	. . . .
tu **finirais**	que tu **finisses**	que tu **finisses**	**finis**
il **finirait**	qu'il **finisse**	qu'il **finît**	. . . .
nous **finirions**	que nous **finissions**	que nous **finissions**	**finissons**
vous **finiriez**	que vous **finissiez**	que vous **finissiez**	**finissez**
ils **finiraient**	qu'ils **finissent**	qu'ils **finissent**	. . . .

REMARQUE 1. Au **présent** et au **passé simple** de l'**indicatif**, les trois personnes du singulier sont identiques.

REMARQUE 2. Au **présent** et à l'**imparfait** du **subjonctif**, toutes les personnes sauf la troisième du singulier sont identiques.

REMARQUE 3. Le verbe **haïr** perd son tréma au singulier du présent de l'indicatif, ainsi qu'au singulier de l'impératif : **hais** !

REMARQUE 4. Une erreur trop répandue consiste à conjuguer le verbe **vêtir** (du troisième groupe) comme un verbe du deuxième groupe au présent et à l'imparfait de l'indicatif. Au présent, il ne se « vêtit » pas, mais se **vêt** ; ils ne se

« vêtissent » pas, mais se **vêtent**. A l'imparfait, je ne me
« vêtissais » pas, mais me **vêtais** ; nous ne nous « vêtissions »
pas, mais nous **vêtions**. On remarquera que la forme il se
vêtit appartient au **passé simple** du verbe **vêtir**.

c) Verbes du **troisième groupe**.

1. Très hétérogène, cette catégorie regroupe des verbes
dont l'infinitif se termine par :

-ir : **courir, dormir, ouvrir, tenir, venir, vêtir**, etc.
-oir : **avoir, devoir, pouvoir, savoir, voir, vouloir**, etc.
-re : **coudre, dire, être, faire, prendre, rire**, etc.
-er : **aller, envoyer, renvoyer**.

Bien que terminés par **-er**, ces trois derniers verbes
divergent de ceux du premier groupe au **futur simple** de
l'indicatif et au **présent** du **conditionnel** : j'irai, j'enver-
rai, je **renverrai**, il **irait**, il **enverrait**, il **renverrait**, etc.
De surcroît, le verbe **aller** fait à l'indicatif présent : je
vais, tu **vas**, il **va**, ils **vont**, auxquels s'ajoute le singulier
de l'impératif : **va**. Il serait donc illogique de classer les
verbes **aller**, **envoyer**, et **renvoyer** dans le premier
groupe représenté plus haut par **aider**.

2. Le verbe **avoir**.

INFINITIF : **avoir**		PARTICIPE présent : **ayant** passé : **eu**	
INDICATIF			
Présent	Imparfait	Passé simple	Futur simple
j'ai	j'avais	j'eus	j'aurai
tu **as**	tu **avais**	tu **eus**	tu **auras**
il **a**	il **avait**	il **eut**	il **aura**
nous **avons**	nous **avions**	nous **eûmes**	nous **aurons**
vous **avez**	vous **aviez**	vous **eûtes**	vous **aurez**
ils **ont**	ils **avaient**	ils **eurent**	ils **auront**

CONDITIONNEL	SUBJONCTIF		IMPÉRATIF
Présent	Présent	Imparfait	Présent
j'aurais	que j'aie	que j'eusse	. . . .
tu aurais	que tu aies	que tu eusses	aie
il aurait	qu'il ait	qu'il eût	. . . .
nous aurions	que nous ayons	que nous eussions	ayons
vous auriez	que vous ayez	que vous eussiez	ayez
ils auraient	qu'ils aient	qu'ils eussent	. . . .

3. Le verbe **être**.

A l'image du verbe **aller** (je **vais**, nous **allons**, vous **irez**), le verbe **être**, des plus irréguliers, est constitué de trois éléments : tu **es**, il **fut**, nous **serons**.

INFINITIF : **être**		PARTICIPE présent : **étant** passé : **été**	
INDICATIF			
Présent	Imparfait	Passé simple	Futur simple
je suis	j'étais	je fus	je serai
tu es	tu étais	tu fus	tu seras
il est	il était	il fut	il sera
nous sommes	nous étions	nous fûmes	nous serons
vous êtes	vous étiez	vous fûtes	vous serez
ils sont	ils étaient	ils furent	ils seront
CONDITIONNEL	SUBJONCTIF		IMPÉRATIF
Présent	Présent	Imparfait	Présent
je serais	que je sois	que je fusse	. . . .
tu serais	que tu sois	que tu fusses	sois
il serait	qu'il soit	qu'il fût	. . . .
nous serions	que nous soyons	que nous fussions	soyons
vous seriez	que vous soyez	que vous fussiez	soyez
ils seraient	qu'ils soient	qu'ils fussent	. . . .

2°) Verbes pouvant servir d'auxiliaires de temps

a) Le verbe **avoir**.
1. Pas de rôle d'auxiliaire.
Dans le sens de **posséder** et autres.
Nous **avons** une nouvelle voiture. **As**-tu faim ? Elle **a** trente ans. Il **a** la migraine. J'**avais** raison. Qui **aurait** peur ?

2. Rôle d'**auxiliaire**.
Suivi d'un **participe passé** : M'**as**-tu bien compris ? Ils **ont** bien déjeuné. Il **aurait** trop bu. Elle **aura** tout vu.

b) Le verbe **être**.
1. Pas de rôle d'auxiliaire.
Liant un attribut ou un complément au sujet.
Les raisins **sont** mûrs. **Sont**-ils à la maison ? Ils **seraient** en retard.
2. Rôle d'**auxiliaire**.
Suivi d'un **participe passé** : Il n'**est** pas encore arrivé. Quand **sont**-ils venus ? S'en **étaient**-ils aperçus ? L'ennemi ne **serait** pas passé.

c) Le verbe **venir**.
1. Marquant un **déplacement**.
Tu **viendras** à cinq heures. **Venez** nous voir. Nous **venons** de Rome.
2. Rôle d'**auxiliaire** du **passé récent**.
Il **vient** de pleuvoir. Un accident **venait** de se produire.

d) Le verbe **aller**.
1. Marquant un **déplacement**.
Allez tous à Paris. Ils **allaient** à l'école. Où **irons**-nous demain soir ? Elle ne voulait pas **aller** à la piscine.

2. Rôle d'**auxiliaire** du **futur immédiat**.

Il **va** pleuvoir. Ils **vont** tout nous expliquer. Elle **allait** fermer la fenêtre.

3. **Être allé** ou **avoir été** ?

Quand le verbe **être** a le sens de **séjourner** ou de **se trouver**, tout le monde admet qu'il soit conjugué notamment aux temps suivants :

Indicatif présent : Marcel **est** à San Francisco.

Indicatif imparfait : Marcel **était** à San Francisco.

Indicatif futur simple : Marcel **sera** à San Francisco.

Or, pour des raisons obscures, de soi-disant linguistes condamnent l'emploi de ce verbe au **passé composé** et jugent incorrecte la phrase : « Marcel **a été** à San Francisco », prétendant que, dans ce cas, il faut le remplacer par le verbe **aller** et dire : « Marcel **est allé** à San Francisco ». Étrange ostracisme ! Pourquoi tolérer à certains temps ce qu'on rejette au passé composé ?

La différence est pourtant nette. En disant que Marcel **a été** à San Francisco, on fait tout simplement savoir que ce garçon, qui est maintenant de retour parmi nous, a fait un séjour dans cette ville de Californie qui, de ce fait, ne lui est pas inconnue. Mais, à qui s'interroge sur l'absence momentanée de Marcel, on répondra : « Il **est allé** chez le pharmacien », ce qui veut dire que, sauf accident, il devrait revenir sous peu.

Certains prétendus grammairiens commettent donc une double erreur en condamnant **avoir été** signifiant **avoir séjourné** et en indiquant que le verbe **aller** n'a pas moins de deux participes passés, à savoir : **allé** et... « été » !

LE TRAITEMENT
DU PARTICIPE PASSÉ

Même quand la règle grammaticale est d'une simplicité biblique, nos infatigables « réformateurs » se complaisent à la décrire comme un monument de difficulté gratuite absolument impénétrable au commun des mortels incapable d'accorder le participe passé en écrivant « les fleurs que j'ai **achetées** » par opposition à « j'ai **acheté** des fleurs », sans accord. Par bonheur, si l'on peut dire, nombreux sont les cerveaux en chômage qui, en quelque sorte, mettent tout le monde d'accord en écrivant sans aucun complexe « les fleurs que j'ai **acheter** » et « j'ai **acheter** des fleurs »...

Seuls les verbes faisant leur infinitif en **-er** pouvant être victimes de ce genre de faute monumentale, on ne saurait trop insister sur le danger que représente l'homophonie entre **acheter**, **acheté**, **achetés**, **achetée** et **achetées**, sans oublier les formes conjuguées : **achetez** et (j') **achetai** (passé simple).

1°) Sans accord du participe passé

a) **Fait** suivi d'un infinitif.
Ce participe passé reste invariable dans « elle s'est **fait**

212

couper les cheveux », « ils se sont **fait** prendre en flagrant délit », etc.*

> *REMARQUE*. Elle s'est « faite » rattraper est une faute de langage alors que ils s'étaient « faits » surprendre est considéré comme une faute d'orthographe, ce qui tend à prouver que la frontière est souvent bien imprécise entre l'une et l'autre.

b) **Laissé** suivi d'un infinitif.

Il reste **invariable** quand le complément d'objet n'est pas le sujet implicite de l'infinitif. D'où : la bête s'est **laissé** capturer, les voleurs s'étaient **laissé** arrêter, car la bête n'est pas l'auteur de la capture et les voleurs ne sont pas ceux de l'arrestation. Le rôle **passif** est ici marqué par l'invariabilité du participe passé.

c) **Vu** et **entendu** suivis d'un infinitif.

La règle est la même que pour **laissé**. D'où : la vache, je l'ai **vu** traire, les innocents qu'on a **vu** fusiller, la question qu'on a **entendu** poser, les symphonies que nous avons **entendu** exécuter par cet orchestre.

d) **Attendu, compris, entendu, étant donné, excepté, ôté, ouï, passé, supposé, vu, ci-annexé, ci-joint, ci-inclus.**

Placés **devant** un nom ou un pronom, ces participes passés sont **invariables** car ils exercent la fonction de **préposition** ou d'**adverbe**. Exemples : **attendu** leurs excellentes références ; y **compris** les réparations ; **entendu** les différents témoins ; étant **donné** leurs aptitudes ; **excepté** les malades ; **ôté** deux paragraphes, cet article serait acceptable ; **ouï** tous les témoins ; **supposé** la vérité

---

* Mais, avec l'accord : elle s'est **faite** religieuse, ils s'étaient **faits** moines.

des faits ; **vu** les circonstances exceptionnelles ; vous trouverez ci-**annexé** une facture ; ci-**joint** deux documents ; ci-**inclus** copie du rapport.

e) **Coûté, pesé** et **valu**.

Le complément circonstanciel de **prix**, de **poids**, de **valeur** n'a aucune influence sur l'accord. D'où : les huit mille francs que ce collier m'a **coûté**, ce cheval ne vaut plus la somme qu'il a **valu** naguère, les cent kilos que cet obèse avait **pesé** avant sa cure d'amaigrissement.

f) **Participe passé** précédé du pronom **en**.

Ces châtaignes sont excellentes, en avez-vous **mangé** ? Ses fautes, s'il en a **commis**, ne doivent pas être bien graves ; des journaux allemands, j'en ai beaucoup **lu** ; des oranges, les jeunes Roumains n'en avaient encore jamais **vu**.

> *REMARQUE*. Cette règle étant assez élastique, on rencontre souvent l'accord sous la plume d'auteurs sérieux.

g) Les verbes **pronominaux**.

Le **participe passé** des verbes suivants est **invariable** :

se complaire	se mentir	se plaire	se succéder
se convenir	se nuire	se ressembler	se suffire
se déplaire	se parler*	se rire	se survivre
s'entre-nuire	se permettre	se sourire	s'en vouloir

* « Se téléphoner » suit la même règle.

> *EXEMPLES :* Ces deux hypocrites se sont **menti** effrontément, les deux ennemis ne se sont pas **parlé**, cette impertinente s'est **permis** de me répondre, ils se sont **plu** et se sont mariés, les trois complices s'étaient **souri**, douze rois se sont **succédé** sur ce trône.

h) Après l'auxiliaire **avoir**.

Il n'y a **pas d'accord** quand le participe passé **précède** l'objet direct : j'ai **acheté** des aliments, elle a **soigné** des blessés, nous avons **vu** une splendide collection.

REMARQUE. Tant que l'objet direct n'a pas été mentionné, il est censé être ignoré, ce qui justifie l'absence d'accord du participe passé.

2°) Avec accord du participe passé

a) Utilisé comme **épithète**, le participe passé **s'accorde** en genre et en nombre avec le nom qualifié. Exemples : des régions **désertées**, une route très **fréquentée**.

b) Avec l'auxiliaire **être**.

L'accord s'impose tout naturellement : ces champs n'ont pas encore été **ensemencés**, cette maison sera **agrandie**.

c) **Laissé** suivi d'un **infinitif**.

L'accord se fait en genre et en nombre quand le complément d'objet est le **sujet implicite** de l'infinitif. D'où : nous les avons **laissés** chanter, l'auriez-vous **laissée** épouser un malandrin ?

d) **Vu** et **entendu**.

La règle est la même que pour **laissé**. D'où : la vache que j'ai **vue** vêler, les athlètes que tu as **vus** courir, la fillette qu'on a **entendue** pleurer.

e) **Attendu, compris, entendu, étant donné, excepté, ôté, ouï, passé, supposé, vu, ci-annexé, ci-joint, ci-inclus.**

Ces participes passés **s'accordent** avec le nom auquel ils se rapportent quand il les **précède** ou quand il ne les suit que par inversion. Soit : les réparations non **comprises**, les indemnités y **comprises**, une droite étant **donnée**, deux ou trois pages **exceptées**, les pièces ci-**jointes** ou ci-**incluses**.

> REMARQUE. Très souvent, des auteurs sérieux accordent le mot **passé** avec le nom qui le suit : **passée** la minute de silence, **passées** les vacances.

f) **Coûté, valu** et **pesé.**

Coûté s'accorde au sens de **causé, occasionné** : les efforts que cette entreprise lui a **coûtés.**

Valu s'accorde quand il signifie **procuré** : la gloire que cet exploit nous a **value.**

Il va de soi que **pesé** s'accorde dans « la valise que j'ai **pesée** ».

g) Les verbes **pronominaux.**

Ils **s'accordent** dans leur grande majorité. Exemples : ils se sont **absentés**, elles s'étaient **abstenues**, elle s'était **acharnée**, vous vous êtes **adonnés**, elle ne s'est pas **aperçue** de son erreur, nous nous étions **attendus** à cet événement, nous nous étions **doutés** de sa supercherie, elle s'est **emparée** de tout le butin, ils se sont **félicités** de leur succès, elle s'est **réjouie** de ta réussite, etc.

h) Après l'auxiliaire **avoir.**

Il y a **accord** quand le nom auquel il se rapporte **précède** le participe passé : ces marchandises, nous les avons **payées** ; une cravate que je n'avais pas encore **mise** ; les maisons qu'on avait **construites** ; les récompenses que tu nous avais **promises** ; la lettre que j'aurais **écrite**, etc.

REMARQUE 1. Puisque le complément d'objet est connu quand apparaît le participe passé, il est normal que ce dernier prenne l'accord.

REMARQUE 2. Les amis que nous avons « rencontré » (au lieu de **rencontrés**), la personne que nous avons « vu » (au lieu de **vue**) constituent des fautes d'orthographe. La décoration qu'il t'a « remis » (pour **remise**) représente une faute de langage. On aimerait que les réformateurs de l'orthographe envisagent la question sous cet angle.

i) Procédé par **comparaison**.

Pour éviter de grossières fautes d'accord, on pourra procéder par comparaison. Exemple :

1. Elles ne se sont pas « écrites », mais **écrit**.
Elles ne se sont donc pas « téléphonées », mais **téléphoné**.

2. Elles ne se sont pas « offertes », mais **offert** des bas.
Elles ne se sont donc pas « payées », mais **payé** des bas.

3. Elles ne se sont pas « dites », mais **dit** des secrets.
Elles ne se sont donc pas « révélées », mais **révélé** des secrets.

j) Un cas particulier : le verbe **obéir**.

On n'**obéit** pas quelqu'un, mais **à** quelqu'un, car le verbe **obéir** est transitif **indirect**. Il n'en reste pas moins qu'il peut être employé au sens passif en accordant le participe passé avec le sujet de l'auxiliaire. D'où : elles furent **obéies** ; nos ordres ont été **obéis**. Cette règle s'applique aux verbes **désobéir** et **pardonner**.

EMPLOI DE CERTAINS PRONOMS

1°) A la troisième personne

En tant que compléments directs d'objet (accusatif), les trois pronoms personnels sont identiques aux trois articles définis correspondants. D'où :
Voici **le** facteur ; tu **le** connais.
Voici **la** secrétaire ; **la** reconnais-tu ?
Voici **les** deux journaux ; **les** as-tu feuilletés ?

2°) Aux deux premières personnes du pluriel

Contrairement à ce qui se passe dans tant de langues étrangères, les pronoms des deux premières personnes du pluriel peuvent être aussi bien **sujets** que **compléments** dans toutes les situations. D'où : **Nous** restons, on **nous** voit, on **nous** parle, c'est pour **nous**. **Vous** fumez, on **vous** entend, on **vous** écrira, c'est pour **vous**.

3°) Le pronom indéfini on

Son emploi généralisé à la place du sujet **nous** est tout à fait condamnable. A la rigueur, on peut comprendre que des garnements préfèrent dire : « **On** a fait une bêtise » plutôt que : « **Nous** avons fait une bêtise » dans l'intention d'esquiver leur responsabilité. Mais il n'est pas du tout logique que, après avoir gagné un match, les joueurs d'une équipe disent : « **On** a gagné » au lieu de : « **Nous** avons gagné. »

4°) *Le pronom* leur *de la troisième personne du pluriel*

Contrairement à l'adjectif possessif, il ne prend jamais la marque du pluriel. D'où :
Il faudra **leur** rendre leurs affaires.

5°) *Les pronoms démonstratifs* ceci *et* cela

a) Dans le **temps**.
En principe, **cela** s'applique à ce qui précède et **ceci** à ce qui va suivre. D'où :
Cela dit, passons à un autre sujet. La guêpe diffère de l'abeille en **ceci**...
C'est pour cette raison qu'on ne dira pas « **ceci** dit », mais **cela** dit.

b) Dans l'**espace**.
En principe, **ceci** s'applique à ce qui est proche et **cela** à ce qui est éloigné : **ceci** est un tableau de maître, **cela** est une simple reproduction.

6°) *Le pronom* y

Il ne faut pas l'employer dans le sens de **à lui**, **à elle**, **à eux**, **à elles**, quand il est question de **personnes**. On dira donc : « Elle apprécie ce garçon et pense souvent **à lui** », et non pas : « Elle apprécie ce garçon et **y** pense souvent. »

7°) *Le pronom* en

Il est inélégant de l'employer pour représenter une **personne** afin d'indiquer un rapport de possession ou de parenté. On ne dira donc pas : « Voici le nouveau joueur, tu **en** connais les qualités », mais : « Voici le nouveau joueur, tu connais **ses** qualités. » Inversement, on dira en parlant d'une chose : j'**en** apprécie la saveur, tu **en** as vu l'essentiel, nous **en** connaissons le prix.

Mais quand il exprime une idée **partitive**, le pronom **en** peut fort bien représenter des personnes : il y a très peu d'élèves présents ; j'**en** ai vu seulement sept ou huit.

DE L'ADJECTIF A L'ADVERBE

1°) *Adverbes en -ment*

Dans la grande majorité des cas, un adverbe est formé d'un **adjectif** suivi du suffixe **-ment**. Exemples :

avidement	habilement	puissamment
bravement	innocemment	qualitativement
calmement	jalousement	rageusement
doucement	lentement	savamment
extrêmement	malheureusement	tranquillement
fortement	négligemment	unanimement
gentiment	orgueilleusement	vraiment

REMARQUE 1. Les adjectifs en **-ant** donnent des adverbes en **-amment** : puissant, **puissamment** ; savant, **savamment***.

REMARQUE 2. Les adjectifs en **-ent** donnent des adverbes en **-emment** : innocent, **innocemment** ; négligent, **négligemment***.

REMARQUE 3. Certains adjectifs ne donnent naissance à aucun adverbe. Exemples : **concis, content, charmant, mobile, surprenant**. Dans certains cas, on pourra toujours combler cette lacune en ayant recours à un synonyme. D'où : **Concis** = bref : **brièvement**. **Charmant** = aimable : **aimablement**. **Surprenant** = étonnant : **étonnamment**.

---

* Voir page 121.

2°) *Autres adverbes*

Dans certains cas, des adjectifs peuvent être employés adverbialement. Enfin, une troisième catégorie n'a pas recours au suffixe -**ment**. Exemples :

ADJECTIFS	SANS LE SUFFIXE -**MENT**		
bas	ailleurs	désormais	loin
clair	alors	enfin	maintenant
droit	après	ensuite	peu
dur	assez	hier	plutôt
faux	aussitôt	ici	souvent
fort	avant	jadis	tard
haut	beaucoup	jamais	tôt
net	bien	là	très

REMARQUE 1. Emploi adverbial de l'**adjectif**.
a) Parler **bas**, parler **fort**, parler **net** ; marcher **droit** ; chanter **faux**, chanter **haut**.
b) Si l'adjectif indéfini **quelque** prend la marque du pluriel : **quelques** enfants, il n'en va pas de même de l'adverbe **quelque** signifiant **environ** : **quelque*** vingt enfants, qui est l'équivalent d'**une vingtaine** d'enfants.

REMARQUE 2. Les mots **après** et **avant** sont aussi bien **adverbes** que **prépositions**.

REMARQUE 3. Dans bien des cas, il est possible d'identifier un adverbe en recherchant son synonyme en -**ment**. Exemples :
Après et **ultérieurement**, **assez** et **suffisamment** ou **passablement**, **aussitôt** et **immédiatement**, **avant** et **antérieurement**, **maintenant** et **actuellement**, **très** et **extrêmement**.

---

* En tant qu'adverbe, le mot **quelque** est, bien entendu, invariable.

REMARQUE 4. Deux adverbes ambivalents : **assez** et **toujours**.

Assez signifie **suffisamment** dans « ils sont **assez** nombreux » ; il signifie **passablement** dans « ce n'est pas certain, mais c'est **assez** vraisemblable ».

Toujours signifie **continuellement** dans « il fait **toujours** très froid l'hiver en Sibérie » ; il signifie **encore** dans « je lui avais dit de partir mais dix minutes plus tard il était **toujours** là ».

REMARQUE 5. Aujourd'hui, le mot **moult** n'est plus du tout employé comme adverbe. On ne dit donc plus « il boit **moult** », mais « il boit **beaucoup** ». Mais il arrive qu'il soit employé facétieusement comme **adjectif** dans le sens de **maint, beaucoup de**. Dans ce cas, il faut l'**accorder** au féminin et au pluriel, à l'instar de **maint**. D'où :
Je le lui ai dit **maintes** fois = Je le lui ai dit **moultes** fois.
Ignorer cette évidence revient à prendre un adjectif pour un adverbe alors que, comme l'indique le tableau ci-dessus, ce sont à vrai dire certains adjectifs qui peuvent être employés adverbialement.

EMPLOI DES PRÉPOSITIONS

1°) *La préposition* à

1. Emplois **corrects**.

a) **Répétition** nécessaire.

On apprend **à** lire et **à** écrire, avec deux fois la préposition **à**, et non pas « **à** lire et écrire ».

b) Modes de **locomotion**.

Quand on n'est pas dans un véhicule, on va **à** pied, **à** skis, **à** bicyclette.

c) Devant les **noms de ville**.

On va, on habite **à** Albi, **à** Arras, **à** Amiens, **à** Avignon, **à** Arles. En anglais, on habite **in** London, en allemand **in** Berlin, en espagnol **en** Madrid, en provençal **en** Antibo, **en** Avignoun, **en** Arle. Croyant faire suprêmement élégant, de beaux esprits disent en français « **en** Avignon », voire « **en** Arles », employant ici sans même s'en rendre compte une préposition **provençale**. Si, par « **en** Avignon », ils entendent l'ancien domaine pontifical, ils n'ont qu'à dire « dans le **comtat Venaissin** », dont la capitale était d'ailleurs Vénasque, puis Carpentras. De toute façon, le nom **Avignon** désigne bel et bien non pas toute une région, mais une **ville**, tout comme Alès et Ajaccio. C'est pourquoi on dira, en langue française, **à** Avignon et **à** Arles, tout comme **à** Alès et **à** Ajaccio*. L'emploi de toute

---

* Tout dictionnaire français indique que le poète provençal Théodore Aubanel naquit en 1829 à Avignon et non pas « **en** Avignon ».

autre préposition est injustifiable, le snobisme dût-il en souffrir.

d) Pour introduire un complément de **prix**.

La préposition **à** introduit en général un **prix peu élevé** : une cravate **à** dix francs, une robe **à** cent francs.

e) Entre deux nombres séparés par une quantité qui peut être **fractionnée**.

Douze **à** quinze élèves. Deux **à** trois kilomètres. Cinq **à** six kilos.

f) Après des noms de **récipients**.

Une tasse **à** thé, un verre **à** liqueur sont **destinés** à contenir l'une du thé, l'autre de la liqueur.

g) Devant l'adjectif **nouveau**.

A nouveau signifie de façon totalement différente, en repartant de zéro : présenter **à nouveau** un projet signifie présenter un projet **entièrement nouveau** et non pas une seconde fois le même projet (anglais : **anew**).

h) Après certains **verbes**.

On opposera **prêter à** quelqu'un : complément d'**attribution**, à **emprunter à** quelqu'un, complément d'**origine** (anglais **from**).

Commencer à se dit de ce qui doit s'accroître, progresser : il commence **à** comprendre, elle commence **à** grandir.

Participer à signifie **prendre part à** et doit être nettement distingué de **participer de** signifiant être **de même nature** que.

A ne pas confondre avec **ressortir de**, le verbe **ressortir à** signifie **être du ressort de**.

On préfère la guerre **à** la paix, et non « **que** la paix ».

REMARQUE. Cette tournure peut être parfois ambiguë. Il préfère le café **au** lait peut signifier qu'il **aime mieux** le café que le lait mais, également, que si on lui propose du thé, du chocolat et du café au lait, cette dernière boisson aura sa préférence.

2. Emplois **fautifs**.

a) Rapport de **possession**.

Le bon usage interdit « la pipe **à** papa, la femme **à** son frère ». On dira donc la pipe **de** papa, la femme **de** son frère. Une tournure figée comme « la bande **à** Bonnot » appartient au langage familier et ne doit pas servir de modèle. Néanmoins, quand on demande qui est le possesseur, on emploie bien la préposition **à** et l'on dit : « **A** qui est (cet objet) ? » La réponse est : « Il est **à** Untel. » Dans les deux cas le verbe **être** peut être remplacé par **appartenir**.

b) Entre deux nombres séparés par une quantité qui ne peut être fractionnée.

On ne dira donc pas « cinq **à** six élèves » ou « neuf **à** dix chevaux », car il n'y a pas entre ces nombres de quantité intermédiaire. Il faut dire : cinq **ou** six élèves, neuf **ou** dix chevaux.

c) Devant un nom de **personne** après un verbe de mouvement.

On ne va pas **à** son coiffeur, mais **chez**[*] son coiffeur. De la même façon, on ne va pas au coiffeur, mais **chez**[*] le coiffeur.

d) Après le verbe **partir**.

Tout comme l'anglais dit **to leave for**, et non pas « to leave to », on ne part pas à Marseille, mais **pour** Marseille.

---

[*] Du latin **casa**, désignant la maison. **Chez** lui signifie donc « dans **sa maison** ».

e) Après **entendre dire**.

Il ne faut pas dire « je l'ai entendu dire **à** un ami » quand c'est ce dernier qui a parlé, mais je l'ai entendu dire **par** un ami. Sinon, on pourrait croire que c'est à cet ami qu'on a dit quelque chose.

f) Devant **nouveau**.

Répéter n'est pas « dire **à** nouveau », mais dire **de** nouveau (anglais : **again**).

g) Devant un **point cardinal**.

Il est faux de dire que la Bretagne est **à** l'ouest de la France ou Lille **au** nord de la France, car **à** l'ouest de la France sont la Manche et l'océan Atlantique et **au** nord de la France est la Belgique. Il en résulte que la Bretagne et Lille sont respectivement **dans** l'ouest et **dans** le nord de la France.

Il était donc absurde de condamner la présence de troupes libyennes **au** nord du Tchad, étant donné qu'**au** nord du Tchad se trouve précisément... la Libye, où elles étaient parfaitement à leur place. Ce genre de confusion parfois lourde de conséquences n'est que trop fréquent à la radio et à la télévision françaises.

h) Après le verbe **pallier**.

Ce verbe étant transitif, on ne pallie pas **à** une insuffisance. En quatre mots, on pallie une insuffisance, sans préposition*.

2°) Autour de

Le premier élément s'écrit en un seul mot : **autour** du jardin. Inversement, on écrira en deux mots : c'est **au tour** d'un autre de jouer.

---

* Voir page 244.

3°) Comme

Après le verbe **considérer** : on le considère **comme** le meilleur gardien de but, et non pas « on le considère le meilleur gardien de but ».

4°) De

1. Emplois **corrects**.

a) Après le nom **besoin**.

Puisqu'on a besoin **de** quelque chose, il est incorrect de dire « ce **que** j'ai besoin ». Il faut dire « ce **dont** j'ai besoin ».

b) Après les noms de **récipients**.

Contrairement à une tasse **à** café, une tasse **de** café contient effectivement cette boisson.

c) Après certains **verbes**.

On **hérite de** quelque chose et on **hérite de** quelqu'un, même si ces deux compléments ne sont pas de même nature. Quand ils figurent dans la même phrase, la préposition **de** n'est employée qu'une fois : elle avait hérité un million **de** son oncle.

Si **participer à** signifie **prendre part à**, **participer de** est synonyme de **tenir de** : son humble commerce participait à la fois **de** l'épicerie et **de** la mercerie.

On part **de** zéro et on repart **de** zéro.

Mieux vaut remercier **de** quelque chose que **pour** quelque chose. Cela ne sert **de** rien signifie que c'est de toute façon inutile : une paire de jumelles ne servirait **de** rien à un aveugle.

2. Emplois **incorrects**.

a) Devant le nom **faute**.
Ne pas dire « c'est **de** sa faute », mais « c'est sa faute », sans préposition.

b) Devant le verbe **se rappeler**.
On se souvient **de** quelque chose, mais on se **rappelle quelque chose**, sans préposition, tout comme dans la phrase « je vous rappelle mon nom ». On dira donc que je me **le** rappelle et non que « je m'**en** rappelle ».

5°) **Depuis**

1. Emplois **corrects**.

a) Marquant un point de départ dans le **temps**.
Elle travaille ici **depuis** le mois dernier.

b) Marquant un point de départ dans l'**espace**.
En corrélation avec **jusqu'à** : **depuis** Madrid jusqu'à Pékin est plus fort que de Madrid à Pékin.

2. Emploi **fautif**.
L'Académie française déconseille de dire « **depuis** ma fenêtre, **depuis** ton balcon, **depuis** son hôtel », mais « je le vois **de** ma fenêtre, tu l'appelles **de** ton balcon, il écrivit **de** son hôtel ». « Je vous parle **depuis** Bucarest » sera donc remplacé par : « Je vous parle **de** Bucarest. »

6°) Grâce à

1. Emplois **corrects**.

a) Comme son nom l'indique, **grâce à** implique la **gratitude** et ne doit être employé que pour indiquer l'**effet heureux** d'une cause : j'ai réussi **grâce** à vos sages conseils.

b) Uniquement par ironie, on pourra employer **grâce à** quand l'effet est **fâcheux** : nous avons perdu **grâce à** cet imbécile.

2. Emploi **incorrect**.

Dans tous les autres cas, on renoncera à **grâce à**. On ne dira donc pas « il a échoué **grâce à** son incurable paresse », mais **à cause de, par suite de**.

PONCTUATION :
LE POIDS D'UNE VIRGULE

Il est des cas, plus fréquents qu'on ne croit, où une modeste **virgule** peut avoir une grande importance en modifiant du tout au tout le sens d'une phrase.

Prenons un exemple précis : des analyses ont prouvé que quatre membres d'une équipe nationale d'athlétisme qui en compte cinquante ont absorbé des produits dopants interdits par le règlement, s'exposant ainsi à de sévères sanctions. Dans ce cas, on dira : « De sévères sanctions seront prises contre les membres de cette équipe qui ont absorbé des produits dopants. » Ici, la subordonnée relative introduite par **qui** est indispensable à la compréhension de la phrase car, si on la supprimait, il resterait : « De sévères sanctions seront prises contre les membres de cette équipe. » Cette nouvelle phrase donnerait à penser que **tous** les membres de cette équipe seront l'objet de sanctions, bien que seulement quatre sur cinquante aient été visés.

Une **virgule** mise devant le pronom relatif **qui** aboutirait au même résultat, car elle aurait la valeur d'une **parenthèse** autorisant à supprimer la proposition subordonnée sans rien changer au sens de la phrase. Par conséquent, en écrivant **avec une virgule** : « De sévères sanctions seront prises contre les membres de cette équipe, qui ont absorbé des produits dopants », on laisse entendre que les cinquante membres de cette équipe se sont dopés et seront punis, alors que les coupables ne sont qu'au nombre de quatre. Comme le montre cet éloquent exemple, une simple virgule peut avoir des conséquences considérables.

Inversement, on emploiera la virgule dans : « Leurs grands-parents habitent Mende, qui est le chef-lieu de la Lozère », car la précision concernant le département ne change rien au sens de la phrase. On pourrait d'ailleurs supprimer « qui est » pour réduire la phrase à : « Leurs grands-parents habitent Mende, chef-lieu de la Lozère. » Enfin, la proposition subordonnée sera encadrée de deux virgules dans : « Le kangourou, qui vit en Australie, est un marsupial. » En effet, que cet animal vive en Australie ou ailleurs ne change rien à sa qualité de marsupial. C'est pourquoi on pourrait fort bien supprimer la proposition subordonnée encadrée de deux virgules sans rien changer au sens de la phrase, ainsi réduite à : « Le kangourou est un marsupial. »

REMARQUE. Écrire sans les deux virgules que le kangourou qui vit en Australie est un marsupial reviendrait à dire que tout kangourou qui habite un autre endroit n'en est pas un. Nuance...

POSITIF ET NÉGATIF

Les cinq mots suivants doivent être employés avec discernement sans négliger leur signification première.

1°) Aucun

a) Il signifie d'abord : **un quelconque, n'importe quel** (anglais **any**). Exemples : ce virtuose joue mieux qu'**aucun** autre pianiste ; cet enfant travaille sans **aucun** effort apparent.

b) Pour que la phrase ait un sens **négatif**, il faut qu'**aucun** soit accompagné de la négation **ne**. Exemples : **aucun** adversaire **ne** peut être considéré comme négligeable ; nous **n'**avions rencontré **aucun** promeneur.

c) Quand le verbe est absent, la négation ne saurait accompagner **aucun** qui, dans ce cas, prend une valeur **négative**. Exemple : A-t-il lu un livre ? — **Aucun** ! (anglais **none**). La réponse entière serait : « Il **n'**a lu **aucun** livre », avec la négation **ne**.

2°) Personne

a) Ce mot signifie d'abord : **une personne quel-conque, n'importe qui, qui que ce soit** (anglais **any-**

233

body). Exemples : ce garçon s'exprime mieux que **personne**. Est-il **personne** ici qui puisse me répondre ? Elle est restée un mois entier sans voir **personne**.

b) Pour que la phrase ait un sens **négatif**, il faut que **personne** soit accompagné de la négation **ne**. Exemples : **personne ne** sait où j'habite ; on **ne** voit **personne** ici après minuit.

c) Quand le verbe est absent, la négation ne saurait accompagner **personne** qui, dans ce cas, prend une valeur **négative**. Exemple : Qui t'a dit que j'avais retrouvé ma voiture ? — **Personne** ! (anglais **nobody**). La réponse complète serait : « **Personne ne** me l'a dit », avec la négation **ne**.

3°) Rien

a) Ce mot signifie d'abord : **une chose quelconque, n'importe quoi, quoi que ce soit** (anglais **anything**). Exemples : gardez-vous de **rien** dédaigner ; il a dû passer deux jours sans **rien** manger. Est-il **rien** de plus curieux que cet objet ?

b) Pour que la phrase ait un sens **négatif**, il faut que **rien** soit accompagné de la négation **ne**. Exemples : **rien ne** pouvait me faire plus plaisir ; nous **ne** pouvons **rien** modifier.

c) Quand le verbe est absent, la négation ne saurait accompagner **rien** qui, dans ce cas, prend une valeur **négative**. Exemple : Qu'a-t-elle fait pour améliorer la situation ? — **Rien** ! (anglais **nothing**). La réponse complète serait : « Elle **n'a rien** fait », avec la négation **ne**.

4°) Jamais

a) Il signifie d'abord : **une fois quelconque** (anglais **ever**).

Exemples : A-t-on **jamais** entendu pareille sottise ? Si **jamais** tu sors, préviens-moi ; il a répondu sans **jamais** se tromper.

b) Pour que la phrase ait un sens **négatif**, il faut que **jamais** soit accompagné de la négation **ne**. Exemple : nous **ne** buvons **jamais** de whisky.

c) Quand le verbe est absent, la négation ne saurait accompagner **jamais** qui, dans ce cas, prend une valeur **négative**. Exemple : Iras-tu un jour en Chine ? — **Jamais** ! (anglais **never**). La réponse complète serait : « Je **n**'irai **jamais** en Chine », avec la négation **ne**.

5°) Nulle part

a) Il signifie d'abord : **en un endroit quelconque, où que ce soit** (anglais **anywhere**). Exemples : il a roulé de Cologne à Paris sans s'arrêter **nulle part** ; on mange mieux ici que **nulle part** ailleurs.

b) Pour que la phrase ait un sens **négatif**, il faut que **nulle part** soit accompagné de la négation **ne**. Exemple : je **ne** les ai rencontrés **nulle part**.

c) Quand le verbe est absent, la négation ne saurait accompagner **nulle part** qui, dans ce cas, prend une valeur **négative**. Exemple : Où peut-on, dans cette ville, manger de la cuisine chinoise ? — **Nulle part** ! (anglais **nowhere**). La réponse complète serait : « On **ne** peut en manger **nulle part**. »

> REMARQUE. Il est évident que **nul** signifie **aucun** dans : sans **nul** doute. La négation **ne** donne un sens **négatif** à la phrase : **nul n**'est censé ignorer la loi.

QUELQUES ESPÈCES
EN VOIE DE DISPARITION

1°) *Le pronom sujet* nous

Dans le langage familier, il a totalement cédé la place au pronom indéfini **on*** et cette négligence s'étend de plus en plus au langage employé dans des circonstances où elle n'est pas de mise. Certains se demandent si la disparition du sujet **nous** au profit de **on** ne constituerait pas une sorte de fuite devant une responsabilité collective. Quant à une phrase telle que : « **On** a abîmé notre voiture », on peut se demander à qui sont imputables les dégâts : à nous-mêmes ou à d'autres représentés par le sujet **on** ?

Ce détournement de sens du pronom sujet **on** a d'ailleurs de curieuses conséquences. De savants linguistes se demandent si, quand il signifie **nous**, l'adjectif ou le participe passé qui s'y rapporte doit s'accorder avec le singulier **on** ou le pluriel **nous**. En d'autres termes, écrira-t-on « **On** a été bien **content** » ou « ... bien **contents** » ? La réponse semble toute simple. Puisqu'il s'agit avant tout de langage **parlé** et non écrit, il est moins nécessaire de se préoccuper de cet accord que de conseiller à nos compatriotes, **notamment à l'école**, d'employer le sujet **nous** toutes les fois qu'il s'impose.

D'ailleurs, le pronom personnel **nous** est toujours bien

---

* Voir page 218.

236

vivant en tant que **complément** : « Il **nous** a rencontrés et s'est mis d'accord avec **nous**. » Est-il vraiment impossible de le réhabiliter en tant que sujet ? Si l'on s'en donnait vraiment la peine, on n'aurait plus à se demander s'il faut ou non accorder l'adjectif avec le pronom **on** mis pour **nous** afin de savoir si des gens très satisfaits d'eux-mêmes doivent dire et écrire : « **On** est **génial** ! » ou « **On** est **géniaux** ! ».

2°) La forme négative

Oubliant la valeur négative du petit adverbe **ne**, de plus en plus nombreux sont les ministres, les parlementaires, les écrivains, les hommes d'affaires qui, négligemment, diront tant à la radio qu'à la télévision : « **On sait** pas », « **Personne** leur **avait** dit », « **Vous croirez** jamais », « **Il est** pas du tout certain ». Le désir de « faire peuple » et de s'affranchir de toute contrainte s'exerce ici aux dépens du petit adverbe **ne**.

Certes, la présence du mot **pas** qui, tout comme **point**, **mie** et **goutte** est, en réalité, un **nom**, indique clairement que les quatre phrases ci-dessus sont négatives. Mais, étant donné qu'il ne tient qu'en une syllabe, l'emploi du petit adverbe **ne** n'exige pas un effort surhumain. C'est pourquoi, se référant aux quatre exemples susmentionnés, on dira de préférence : « On **ne** sait pas », « Personne **ne** leur avait dit », « Vous **ne** croirez jamais », « Il **n'**est pas du tout certain ». Enfin, considérant que, devant une voyelle, la négation **ne** se réduit à un simple **n'**, le nombre de syllabes est exactement le même, que l'on dise correctement : « Il **n'**a pas pu », « Elle **n'**est pas là », « Ils **n'**entendent rien » ou, paresseusement : « Il a pas pu », « Elle est pas là », « Ils entendent rien ».

3°) *La forme interrogative*

« Pourquoi **restez-vous** ? », « Comment **font-ils** ? », « D'où **vient-elle** ? », « Votre fils **travaille-t-il** ? », « La piscine **est-elle** loin d'ici ? ». Ce sont là cinq questions toutes simples où la forme interrogative est correctement employée sans que son application exige un effort surhumain.

Or, de plus en plus, elle est négligée notamment par des gens qui, tant à la radio qu'à la télévision, en interrogent d'autres, ce qui donne, en reprenant les cinq questions ci-dessus :

FORME CORRECTE	FORME INCORRECTE ET NÉGLIGÉE
Pourquoi restez-vous ?	Pourquoi vous restez ?
Comment font-ils ?	Comment ils font[1] ?
D'où vient-elle ?	D'où elle vient[2] ?
Votre fils travaille-t-il ?	Votre fils travaille[3] ?
La piscine est-elle loin d'ici ?	La piscine est loin d'ici ?

1. Souvent prononcé paresseusement : « Comment **y** font ? »
2. De la même façon : « D'où **è** vient ? »
3. Encore plus négligemment : « **Vot'** fils travaille ? »

On remarquera que les cinq formes fautives susmentionnées (colonne de droite) sont, en réalité, des formes **affirmatives**, soit respectivement :
(Je sais bien) pourquoi **vous restez**.
(J'aimerais savoir) comment **ils font**.
(On se demande) d'où **elle vient**.
Votre fils travaille... à deux pas d'ici.
La piscine **est loin** d'ici... mais j'y vais quand même à pied.

Quiconque s'exprime à la radio et à la télévision devrait faire un petit effort au lieu de massacrer impitoyablement la forme interrogative... au point de même le faire dans une langue étrangère quand il s'agit d'interroger un

Britannique ou un Américain, par exemple, dans un anglais très approximatif. C'est ainsi que, transposée sans vergogne dans cette langue, la question incorrecte : « Pourquoi vous chantez ? » devient tout bonnement « Why you sing ? », en trois mots, au lieu de « Why **do** you sing ? », en quatre. Sans commentaires...

Bien entendu, nombreux sont ceux qui, pour ne pas rendre affirmative une phrase interrogative, ont recours à l'inévitable « est-ce que ? », qu'on ne saurait traduire littéralement dans aucune langue connue, et qui ne brille pas par sa légèreté. Pour s'en convaincre, il suffit de comparer les deux tournures :

Que fais-tu ?	Qu'est-ce que tu fais ?
Que veut-il ?	Qu'est-ce qu'il veut ?
Où habite-t-elle ?	Où est-ce qu'elle habite ?
Ton père est-il là ?	Est-ce que ton père est là ?
Pourquoi vient-il ?	Pourquoi est-ce qu'il vient ?
Quand dort-elle ?	Quand est-ce qu'elle dort ?

On ne saurait nier que la première forme (colonne de gauche) est à tout point de vue préférable à la seconde qui, hélas, se fait de plus en plus fréquente.

4°) *Disparition de* laquelle, lesquels, lesquelles

Qu'ils soient ministres, parlementaires, et j'en passe, de plus en plus nombreux sont nos compatriotes de nationalité française (mais oui !) qui, sans s'inquiéter du genre et du nombre de l'antécédent du pronom relatif, disent avec désinvolture, sans toutefois abandonner un ton grave et austère :

L'impasse dans **lequel** se trouve le gouvernement.

Une injustice contre **lequel** nous nous sommes battus.

Des armes efficaces sans **lequel** la guerre aurait peut-être été perdue.

Des adversaires avec **lequel** il nous faudra bien compter.

Et, de la bouche même d'un ancien Premier ministre reçu premier à l'agrégation de lettres modernes :

Une étoile **auquel** accrocher son espoir.

On reste confondu devant une telle paresse d'esprit, qui n'est pas le fait d'incurables ignorants, mais de gens exerçant de hautes fonctions et qui, en l'occurrence, devraient raisonnablement avoir la présence d'esprit d'accorder le pronom relatif avec son antécédent prononcé une seconde plus tôt et dire spontanément :

L'impasse dans **laquelle** se trouve le gouvernement.

Une injustice contre **laquelle** nous nous sommes battus.

Des armes efficaces sans **lesquelles** la guerre aurait peut-être été perdue.

Des adversaires avec **lesquels** il nous faudra bien compter.

Une étoile à **laquelle** accrocher son espoir.

En voie de disparition sont donc, si l'on n'y prend garde, les pronoms relatifs **laquelle**, **lesquels**, **lesquelles**, sans oublier **desquels** et **desquelles**. Par bonheur, les pluriels **auxquels** et **auxquelles** se prononcent très exactement comme le masculin singulier **auquel**, ce qui, dans la langue parlée, limite un peu les dégâts...

5°) Le passé simple

Dans le français parlé, ce temps n'est presque jamais employé. On ne le rencontre plus guère que sous une forme écrite dans les récits, notamment historiques : il **naquit**, il **vécut**, il **régna**, il **abdiqua**, il **dut** s'exiler, il **mourut**. Dans le langage courant, il est presque toujours remplacé par le **passé composé**, ce qui ne représente pas une économie de mots : il **est né**, il **a vécu**, il **a régné**, il **a abdiqué**, il **a dû** s'exiler, il **est mort**.

On remarquera au passage l'ambiguïté de **il est mort**, qui peut signifier deux choses distinctes :

a) **Il mourut**, qui est une **action**, traduit par l'anglais **he died**.

b) **Il est mort**, qui est un **état**, indiquant l'absence de vie, correspondant à l'anglais **he is dead**.

Aux trois premières personnes du singulier, le passé simple est identique au présent dans le cas des verbes du **deuxième groupe** et des verbes **dire** et **rire**.

D'où l'ambivalence de : je **finis**, tu **grandis**, il **dit**, elle **rit**.

> *REMARQUE.* Le passé simple des verbes du premier groupe : il **chanta**, ils **chantèrent** exerce parfois une telle attraction que les ignorants ont trop souvent tendance à généraliser ce type de terminaison et s'imaginent employer élégamment le passé simple en écrivant « il disa » pour **il dit**, « elle buva » pour **elle but**, « on s'aperceva » pour **on s'aperçut**, « ils rièrent » pour **ils rient**.

De la même façon, la légère différence d'une lettre entre le passé simple **je dansai** et l'imparfait **je dansais** peut conduire les imprudents à amputer cette forme de sa dernière consonne pour forger de toutes pièces un passé simple aberrant. C'est ainsi qu'on a pu voir un auteur de mots croisés d'un quotidien auvergnat imaginer sans hésitation « (je) lisai » présenté comme le passé simple du verbe **lire** formé à partir de l'imparfait « (je) lisais » et remplaçant indûment **je lus**. Cette énorme erreur se retrouvait d'ailleurs dans la fausse définition « (je) prenai connaissance » se substituant hardiment à (je) **pris**...

En conclusion, mieux vaut continuer d'ignorer le passé simple que le « réhabiliter » de si grotesque façon.

6°) L'imparfait du subjonctif

Toujours bien vivant dans les langues comme l'espagnol et l'italien, l'imparfait du subjonctif n'est, en français, employé qu'exceptionnellement et sous forme écrite. Les railleurs trouvent aussi ridicules que peu euphoniques des formes comme : (que nous) **tentassions**, **donnassions**, **amputassions**, **permissions**... alors que leurs parfaits homophones que sont les noms **tentation**, **donation**, **amputation** et **permission** ne les font ni ricaner, ni même sourire !

Cela dit, sous la forme écrite, on ne rencontre que rarement l'imparfait du subjonctif et dans des cas aussi précis que limités :

Verbe **avoir** : (qu'il) **eût**, (qu'ils) **eussent**.
Verbe **être** : (qu'il) **fût**, (qu'ils) **fussent**.
Verbe **pouvoir** : (qu'il) **pût**, (qu'ils) **pussent**.

Par souci d'élégance, le conditionnel **il aurait** (fallu) sera souvent remplacé par le subjonctif **il eût** (fallu). Mais ce louable effort manque tristement son effet quand, perdant son accent circonflexe, l'imparfait du subjonctif **il eût** devient homographe du passé simple de l'indicatif **il eut**. Il est donc essentiel de bien distinguer « il **eût** fallu » de « (quand) il **eut** », suivi de **terminé**, par exemple, car **il eut terminé** est le **passé antérieur** de l'indicatif.

En conclusion, il est sage de n'employer l'imparfait du subjonctif qu'à bon escient et à petites doses et, si l'on préfère **il eût** (suffi) à **il aurait** (suffi), d'en respecter au moins l'accent circonflexe. Et il faut bien se garder d'imiter cet animateur de la télévision française qui, après avoir dit, au présent du subjonctif, « pour qu'il se **mette** en route », crut intelligent de recommencer sa phrase en remplaçant **mette** par un monstrueux « mettasse » alors qu'il suffisait de dire tout simplement « pour qu'il se **mît** en route ».

TOURNURES GRAMMATICALES INCORRECTES

NE PAS DIRE	FORME CORRECTE
De manière, de façon **à ce que**...	De manière, de façon **que**...
S'attendre **à ce que**...	S'attendre **que**...
Il **s'est en** allé.	Il **s'en est** allé.
Il appréhende faire le guet.	Il appréhende **de** faire le guet.
Ils **avaient** convenu de...	Ils **étaient** convenus de...[1]
Ce n'est pas **de** ma faute.	Ce n'est pas ma faute.
Il s'en est guère fallu.	Il **ne** s'en est guère fallu.
Dix kilomètres-heure.	Dix kilomètres à l'heure.
Il gagne cent francs **de** l'heure.	Il gagne cent francs **l'**heure, ou **par** heure.
C'est ici **où** il habite.	C'est ici **qu'**il habite.
Malgré que...	**Quoique, bien que**...
Il n'a rien **à** s'occuper.	Il n'a rien **à quoi** s'occuper.
Pallier **à** une pénurie.	Pallier une pénurie[2].

1. Comme **venir** et la plupart de ses dérivés, le verbe **convenir** se conjugue avec l'auxiliaire **être** : ils **sont** venus, convenus, intervenus, parvenus, revenus, survenus. Exceptions : **circonvenir, prévenir, subvenir**.

2. On remarquera que le verbe transitif **pallier** n'est nullement synonyme de **remédier** qui, quant à lui, est suivi de la préposition **à**. Il y a donc une nette différence de sens entre « **pallier** une insuffisance » et « **remédier à** une insuffisance ».

NE PAS DIRE	FORME CORRECTE
A ce qu'il paraît que...	Il paraît que...
Sans qu'il **ne** parle.	Sans qu'il parle.
Ce **que** j'ai besoin.	Ce **dont** j'ai besoin.
Quoiqu'il **est** absent.	Quoiqu'il **soit** absent.
Je **m'en** rappelle.	Je **me le** rappelle, je m'en **souviens**.
Cela **ressort du** tribunal.	Cela **ressortit au** tribunal[3].
Elle rêva **à** un magicien.	Elle rêva **d'**un magicien.
Comme si rien n'était.	Comme si **de** rien n'était.

3. Si le verbe **ressortir** signifiant **sortir de nouveau** se conjugue comme **sortir** : ils **ressortent**, ils **ressortaient**, le verbe du deuxième groupe **ressortir** signifiant **être du ressort** se conjugue comme **finir** : ils **ressortissent**, ils **ressortissaient**. D'où le nom un **ressortissant**. Le premier est suivi de la préposition **de** : il ressort **du** tunnel, le second de la préposition **à** : cette affaire ressortit **à** la cour d'assises. (Voir page 225.)

PARMI LES AUTRES INCORRECTIONS

1°) *Le verbe* s'agir

Des gens brouillés avec la langue française s'imaginent bien à tort qu'ils ont ici affaire à un verbe non réfléchi « sagir », écrit en un seul mot, et n'hésitent pas à dire « il **a sagi** » pour : il **s'est agi**. Cette faute est infiniment plus grave que la forme incorrecte « il **s'est en** allé » se substituant à : il **s'en est** allé.

2°) S'ensuivre

Contrairement à ce qui se passe pour **s'en aller**, l'élément **en** est ici un **préfixe** directement soudé au verbe **suivre**. Il faut donc dire : il **s'est ensuivi** et non pas « il **s'en est suivi** » sous l'influence de : il **s'en est allé**.

3°) *Discordances*

a) « **Espérant** que..., **veuillez** agréer », ainsi que : « **Dans l'espoir** de..., **veuillez** agréer » sont des tournures incorrectes et illogiques, car le sujet implicite d'**espérant** et **dans l'espoir** n'est autre que le sujet parlant, alors que celui de **veuillez** est la personne à qui il s'adresse. Il faut donc dire et écrire : « **Espérant** que..., **je vous prie** d'agréer » et : « **Dans l'espoir** de..., **je vous prie** d'agréer ».

b) Incohérence dans l'emploi des **prépositions**.

1. « Il entre et sort **de** l'église » est incorrect, car la préposition **de** ne peut s'appliquer qu'au second verbe : on entre dans... et on sort **de**... Il faut donc dire : « Il entre **dans** l'église et **en** sort ».

2. Pas davantage ne dira-t-on : « **Malgré** ou **à cause de** son succès », mais « **en dépit** ou **à cause de** son succès », car on trouve la préposition **de** dans « en dépit **de** » et « à cause **de** », alors qu'elle n'accompagne pas la préposition **malgré**.

4°) *Redondances*

a) Une vedette chantait naguère : « C'est **à** l'amour **auquel** je pense », oubliant au passage qu'elle employait une fois de trop la préposition **à**, vu que le pronom relatif **auquel** signifie **à quoi**. Il faut donc dire : « C'est **à** l'amour **que** je pense. »

b) Tout aussi incorrecte que la précédente est la tour-nure : « Ce n'est pas **de** toi **dont** je parle », puisque le pronom relatif **dont** signifie **de qui**. C'est pourquoi on dira : « Ce n'est pas **de** toi **que** je parle. »

c) La notion de **lieu** étant contenue dans les petits mots **là** et **où**, il est incorrect de dire : « C'est **là où** il travaille », auquel on substituera : « C'est **là qu'il** travaille. » De la même façon, on ne dira pas : « C'est **là où** je veux en venir », mais : « C'est **là que** je veux en venir. » Inverse-ment, il est tout à fait correct de dire : « C'est **là où** il travaille qu'a éclaté l'incendie », signifiant : « C'est **à son lieu de travail** qu'a éclaté l'incendie. »

5°) Subjonctif ou indicatif

a) **Avant que** est suivi du **subjonctif**.

Exemples : sortez d'ici avant qu'il ne **soit** trop tard ; montez dans le train avant qu'il ne **parte** ; le voleur s'éclipsa avant que le chien ne se **mît** à aboyer. On remarquera au passage que l'adverbe explétif **ne** introduit une nuance qui, assez souvent, exprime la **crainte**. On se dispensera donc de l'employer dans : il sera parti avant que tu **reviennes** ; la séance fut levée avant que notre ami **ait** pu ouvrir la bouche.

b) **Après que** est suivi de l'**indicatif**.

Sous l'influence des exemples ci-dessus, on n'a que trop tendance à le faire suivre du subjonctif et à dire par erreur : « Après qu'on **ait** fermé la porte ; après qu'on s'en **soit** aperçu », alors même qu'il s'agit d'un fait qui, s'étant effectivement produit, exige le **passé antérieur** de l'indicatif, d'où : « Après qu'on **eut fermé** la porte ; après qu'on s'en **fut aperçu** ». Malheureusement, la disparition peut-être irrémédiable du passé simple dans le langage parlé* n'est pas faite pour arranger les choses...

6°) Le passé surcomposé

Cette forme, qui n'est pas un modèle de légèreté, consiste en un curieux redoublement de l'auxiliaire **avoir**, comme dans : « Dès qu'elle **a eu fini** de parler, son frère a dit ce qu'il pensait ». Ici encore, c'est le **passé antérieur** qui s'impose : « Dès qu'elle **eut fini**... ». De la même façon, on évitera de dire : « Sitôt qu'ils **ont eu terminé**... » au profit de : « Sitôt qu'ils **eurent terminé** »... pour autant qu'on ne considère pas hâtivement ce temps comme mort et enterré !

---

* Voir page 240.

7°) L'emploi du nom but

a) **Dans** le but de...

Cette tournure est vivement critiquée par ceux qui, comme Littré, considèrent que si l'on est « **dans** le but », on n'a nul besoin de chercher à l'atteindre, ce qui est la logique même. Pour éviter toute critique, on a le choix entre : **pour, afin de, en vue de, dans l'intention de**...

b) **Poursuivre** un but.

Cette tournure est rejetée par tous ceux qui observent non sans raison qu'elle ne saurait s'appliquer qu'à un but mobile. Ils recommandent donc de la remplacer par : **tendre à** un but, **tendre vers** un but, **viser** un but, **se proposer** un but. Il est aussi possible de dire tout simplement : « Notre but est de... », ainsi que : « Nous avons pour but de... »

8°) *Emploi de l'article indéfini*

On **porte plainte**, en deux mots, mais on dépose **une** plainte en employant l'**article indéfini**, ce qui exclut la tournure fautive et pourtant si fréquente « déposer plainte ».

9°) *Singulier et pluriel*

Pour indiquer une petite quantité, on emploie au singulier : **un peu de**. D'où : **un peu** de sel.

Au pluriel, on emploie : **quelques**. Soit : **quelques** grains de poivre, **quelques** dragées. C'est par erreur que, depuis peu, certains disent : « **un peu de** dragées ».

Bien entendu, **peu de** non précédé de l'article indéfini est valable aussi bien devant un pluriel qu'un singulier : **peu de** dragées, **peu de** sel.

TOLÉRANCES GRAMMATICALES
OU ORTHOGRAPHIQUES

Étant donné l'aspect aussi scandaleux qu'impitoyable que prend, de nos jours, le massacre de l'orthographe[*], on aurait pu attendre des autorités de l'Éducation nationale que, dans leur infinie sagesse, elles prissent des mesures énergiques pour y mettre un terme, notamment en imposant un enseignement solide et sérieux de la lecture et de l'écriture, de la langue française, de sa grammaire et de son orthographe, sans tolérer que, dans ces derniers domaines, les capitulards et autres laxistes acceptent allégrement le monumental laisser-aller que l'on sait.

Hélas, probablement aveugles à la véritable situation, lesdites autorités ont donné un vigoureux coup d'épée dans l'eau en publiant le 28 décembre 1976 des tolérances grammaticales ou orthographiques dans les examens et concours dépendant de leur ministère. Or, cette belle magnanimité porte sur des points de moindre importance tels que le trait d'union et certains accents, qui ne figurent pourtant pas parmi les plus grandes victimes du massacre : « **se garcon** », « pour qu'il **est** », « les enfants **sagent** », etc. Et si l'on considère que, en tout état de cause, accents et traits d'union, comme d'ailleurs les majuscules, la ponctuation et maints autres « détails » tout aussi insignifiants sont

---

[*] Voir pages 91 et 94.

superbement ignorés et bafoués par des millions de cerveaux en chômage, on reconnaîtra sans peine que, dans l'état actuel des choses, il s'agit là de « subtilités » d'un genre mineur dont on ne saurait espérer qu'elles mettent fin au délabrement généralisé de l'orthographe dont les autorités dites compétentes, isolées dans leur tour d'ivoire, ne semblent guère avoir pris conscience.

Voici donc le merveilleux résultat des cogitations de ces puissants cerveaux en matière de tolérances grammaticales ou orthographiques, grâce auxquelles les fautes d'orthographe, même les plus monumentales, qui foisonnent de nos jours, cesseront comme par enchantement de défigurer la prose de nos compatriotes de tous âges, de la même façon qu'un simple cachet d'aspirine guérirait à tout jamais un cancéreux du mal qui le ronge. Pour qui sait que, trop souvent, les jurys acceptent les fautes d'orthographe, même les plus scandaleuses, ou les pénalisent à peine, ces modestes tolérances ne manqueront pas de saveur. Qu'on en juge :

1°) On admettra l'accord au pluriel du verbe précédé de plusieurs sujets à la troisième personne du singulier juxtaposés. D'où :

La joie, l'allégresse s'**emparèrent** (pour s'**empara**) de tous les spectateurs.

2°) Quand la règle admet, selon l'intention, l'accord au pluriel ou au singulier, on acceptera l'un et l'autre dans tous les cas. Exemples :

Le père, comme le fils, **mangeaient** (pour **mangeait**) de bon appétit.

Ni l'heure ni la saison ne **conviennent** (ou ne **convient**) pour cette excursion.

3°) Quand la règle admet, selon l'intention, l'accord avec le mot collectif ou avec le complément, on acceptera l'un et l'autre accord dans tous les cas. D'où :

A mon approche, une bande de moineaux s'**envola** (ou s'**envolèrent**).

4°) Quand le sujet est **plus d'un**, accompagné d'un complément au pluriel, on admettra l'accord au singulier ou au pluriel. Soit :

Plus d'un de ces hommes m'**était inconnu** (ou m'**étaient inconnus**).

5°) On admettra aussi bien au singulier qu'au pluriel le verbe précédé de **un des... qui, un de ceux qui, un des... que, une de celles qui**, etc. D'où :

C'était un de ces contes qui **charme** (pour **charment**) les enfants.

> *COMMENTAIRE*. Même si le verbe au singulier est de plus en plus fréquent, la logique impose le **pluriel**, ce qui est bel et bien le cas dans : il figure parmi les contes qui **charment** les enfants*.

6°) Devant un nom ou un pronom au pluriel, on admettra le présentatif **c'est** ou **ce sont**. Exemples :

Ce sont (ou **c'est**) là de beaux résultats.
C'étaient (ou **c'était**) ceux que nous attendions.

> *COMMENTAIRE*. L'emploi du verbe au pluriel est pourtant nettement plus élégant*.

7°) Dans une proposition subordonnée, on renoncera à la stricte concordance des temps en employant le présent et le passé du subjonctif au lieu de l'imparfait et du plus-que-parfait de ce mode. D'où :

J'avais souhaité qu'il **vienne** (pour qu'il **vînt**).
J'aimerais qu'il **soit** (pour qu'il **fût**) avec moi.
Je ne pensais pas qu'il **ait** (pour qu'il **eût**) oublié.
J'aurais aimé qu'il **ait** (pour qu'il **eût**) été avec moi.

---

* Voir page 203.

COMMENTAIRE. Cette providentielle tolérance est d'autant plus cocasse que rarissimes sont les gens qui, candidats ou non à un examen ou à un concours, connaissent et manient suffisamment bien l'imparfait et le plus-que-parfait du subjonctif pour songer à les employer dans une phrase d'une suprême élégance. Qui, de nos jours, songerait encore à dire : j'aurais (ou j'**eusse**) aimé que vous **vinssiez**, que vous **pussiez** me voir et que nous **parlassions** ensemble de toutes ces choses ?... Accepter généreusement les formes plus simples et plus courantes que sont : que vous **veniez**, que vous **puissiez** et que nous **parlions** équivaut, en fait, à enfoncer à grands coups d'épaule une porte largement ouverte !

8°) Dans certains cas, on acceptera aussi bien l'adjectif en -**ant**, accordé au féminin et au pluriel, que le participe présent nécessairement invariable. Soit :

La fillette, **obéissante** (pour **obéissant**) à sa mère, alla se coucher.

J'ai recueilli cette chienne **errante** (pour **errant**) dans le quartier.

9°) Malgré la règle qui veut que le participe passé se rapportant au pronom **on** se mette au masculin singulier, on admettra l'accord (féminin ou pluriel) dans des cas comme celui-ci :

On est **restés** (pour **resté**) bons amis.

COMMENTAIRE. Assez bizarrement, les auteurs oublient de mentionner le cas très fréquent où le pronom indéfini **on** remplace abusivement le pronom personnel **nous***.

10°) Les auteurs reconnaissent volontiers que la règle veut que le participe passé des verbes de perception **voir** et **entendre** reste invariable lorsque le nom auquel il se rapporte **subit** l'action exprimée par l'infinitif**. Soit :

---

* Voir page 236.
** Voir pages 213 et 215.

La grange que j'ai **vu** incendier.
Cette raie géante, nous l'avons **vu** pêcher.
Les mélodies que nous avons **entendu** chanter.

Inversement, l'accord du participe passé s'impose quand ce même nom est l'**auteur** de l'action exprimée par l'infinitif*. D'où :

Les vandales que nous avons **vus** incendier la grange.
La joyeuse équipe que nous avons **vue** pêcher cette raie géante.
Les vedettes que nous avons **entendues** chanter.

Dans ces trois derniers cas, la tolérance admet qu'on se dispense d'accorder le participe passé, pour écrire respectivement :

Les vandales que nous avons **vu** incendier la grange.
La joyeuse équipe que nous avons **vu** pêcher cette raie géante.
Les vedettes que nous avons **entendu** chanter.

> *COMMENTAIRE 1.* On semble oublier en haut lieu que la subtilité orthographique que l'on entend supprimer peut être pourtant lourde de sens. Ainsi :
> a) **Sans accord** du participe passé.
> « Je les ai **vu** tuer » signifie que j'ai été le témoin du crime dont ils ont été victimes.
> « Jacqueline ? Je l'ai **vu** applaudir » veut dire que j'ai assisté à son succès.
> « Tu nous as **entendu** siffler » signifie que tu as entendu les sifflets qui nous étaient adressés.
> b) **Avec l'accord** du participe passé.
> « Je les ai **vus** tuer » revient à dire que j'ai été le témoin du crime ou des crimes qu'ils ont commis.
> « Jacqueline ? Je l'ai **vue** applaudir » signifie que je l'ai vue battre des mains.
> « Tu nous as **entendus** siffler » veut dire que tu nous as entendus manifester notre hostilité par des sifflets.

---

* Voir page 215.

COMMENTAIRE 2. Recommandée quand le participe passé précède un infinitif, la tolérance en question n'a pas cours quand il est suivi d'un participe présent ou passé. D'où, avec l'accord en genre et en nombre :

Les vandales que j'ai **vus** (non pas **vu**) errant dans ce quartier. Ces chemises, tu les avais **vues** (et non pas **vu**) pliées.

11°) On pourra accorder, donc employer au féminin et au pluriel, le participe passé conjugué avec l'auxiliaire **avoir** dans une forme verbale précédée du pronom **en** qui en est le complément. Soit :

J'ai laissé sur l'arbre plus de cerises que j'en ai **cueillies** (ou **cueilli**).

12°) La règle admettant que le participe passé de certains verbes normalement intransitifs puisse s'accorder au féminin et au pluriel sera généralisée dans les deux sens. Exemples :

Je ne parle pas des sommes que ces travaux m'ont **coûtées** (pour **coûté**).

J'oublierai vite les peines que ce travail m'a **coûté** (pour **coûtées**).

13°) L'accord du participe passé devient facultatif dans **y compris**, **non compris**, **étant donné**, **excepté**, **ôté**, **ci-inclus**, **ci-joint** :

Étant **données** (pour **donné**) les circonstances.

J'aime tous les sports, **exceptée** (pour **excepté**) la boxe.

J'aime tous les sports, la boxe **excepté** (pour **exceptée**).

Ci-incluse (pour **ci-inclus**) la pièce demandée.

Vous trouverez **ci-incluse** (pour **ci-inclus**) copie de la pièce demandée.

Vous trouverez cette lettre **ci-inclus** (pour **ci-incluse**).

NOTE. Dans les trois derniers cas, **ci-joint** suivra le sort de **ci-inclus**.

14°) Liberté du **nombre**.

De la gelée de **groseilles** (pour de **groseille**).

Des pommiers en **fleurs** (pour en **fleur**).

Ils ont ôté **leurs chapeaux** (pour **leur chapeau**).

15°) Double genre du nom **gens**.

La règle préconise : **Instruits** par l'expérience, les **vieilles gens** sont très **prudents** ; **ils** ont vu trop de choses.

La tolérance autorise la généralisation du féminin :

Instruites par l'expérience, les **vieilles gens** sont très **prudentes** ; **elles** ont vu trop de choses.

16°) Le pronom féminin autorisé pour les noms masculins de titre ou de profession appliqués à des femmes :

Le français nous est enseigné par une dame. Nous aimons beaucoup ce professeur. Mais **elle** (au lieu de **il**) va nous quitter.

17°) On admettra que les noms propres de personnes prennent la marque du pluriel : les **Duponts** ou les **Dupont**, les **Maréchals** ou les **Maréchal** et que le pluriel des noms empruntés à d'autres langues soit formé selon la règle générale du français : des **maximums** ou des **maxima**, des **sandwichs** ou des **sandwiches**.

18°) On tolérera que, devant **plus, moins, mieux**, l'article varie ou reste invariable. Soit :

Les idées qui paraissent **les** (ou **le**) plus justes.

19°) On admettra que, précédés d'un adjectif numéral à valeur de multiplicateur, **vingt** et **cent** prennent dans tous les cas la marque du pluriel. L'omission des traits d'union sera également acceptée :

Quatre vingts dix ans au lieu de **quatre-vingt-dix** ans.

Six cents trente quatre hommes au lieu de **six cent trente-quatre** hommes.

La graphie **mille** étant acceptée dans tous les cas, on

pourra écrire en **mille neuf cents soixante dix sept** au lieu de en **mil neuf cent soixante-dix-sept**.

20°) La règle veut que **nu** et **demi** restent invariables quand ils précèdent un nom auquel ils sont reliés par un trait d'union. La tolérance admet le pluriel et l'abandon du trait d'union :

Elle courait **nus pieds** (au lieu de **nu-pieds**).

Une **demie heure** s'écoula (au lieu d'une **demi-heure** s'écoula).

21°) Pluriel de **grand-mère**, **grand-tante**, etc.

On admettra aussi bien des **grand-mères** que des **grands-mères**, des **grand-tantes** que des **grands-tantes**.

22°) Se faire **fort** de...

On admettra l'accord de l'adjectif. D'où :

Elles se font **fort** (ou **fortes**) de réussir.

23°) **Avoir l'air**.

Sans se soucier de la règle, au demeurant assez délicate, on admettra que l'adjectif s'accorde avec le nom **air** ou avec le **sujet** du verbe **avoir**. Soit :

Elle a l'air **doux** (ou elle a l'air **douce**).

24°) Après **l'un et l'autre**, on pourra indifféremment employer le singulier ou le pluriel. Donc :

J'ai consulté l'un et l'autre **document** (ou **documents**).

L'un et l'autre document m'**a** paru intéressant (ou m'**ont** paru intéressants).

L'un et l'autre se **taisait** (ou se **taisaient**).

25°) Après **l'un ou l'autre** et **ni l'un ni l'autre**, même tolérance que ci-dessus. Soit :

L'un ou l'autre projet me **convient** (ou me **conviennent**).

Ni l'une ni l'autre idée ne m'**inquiète** (ou ne m'**inquiètent**).

De ces deux projets, l'un ou l'autre me **convient** (ou me **conviennent**).

De ces deux idées, ni l'une ni l'autre ne m'**inquiète** (ou ne m'**inquiètent**).

26°) **Chacun**.

On admettra que le possessif renvoie à **chacun** ou au mot qu'il reprend. D'où :

Remets ces livres chacun à **sa** place (ou à **leur** place).

27°) **Même**.

On admettra que **même** prenne ou non l'accord :

Dans les fables, les bêtes **mêmes** (ou **même**) parlent.

28°) **Tout**.

a) On admettra aussi bien le singulier que le pluriel :

Les proverbes sont de **tout** (ou **tous**) temps et de **tout** (ou **tous**) pays.

b) Dans l'expression **être tout à**..., on admettra que **tout**, se rapportant à un nom féminin, reste invariable :

Elle est **tout** (ou **toute**) à sa lecture.

c) La règle veut que l'adverbe **tout** ne prenne pas la marque du genre et du nombre devant un mot féminin commençant par une voyelle ou un « h » dit « muet ». D'où :

Elle se montra **tout** étonnée.

La tolérance admettra l'accord dans tous les cas. Soit :

Elle se montra **toute** étonnée.

29°) L'adverbe **ne** dit explétif.

Sa suppression sera d'autant mieux tolérée qu'il est de moins en moins employé, même dans la langue écrite. D'où :

Je crains qu'il (**ne**) pleuve.

L'année a été meilleure qu'on (**ne**) l'espérait.

30°) L'accent **aigu**.

Sauf dans les noms propres, on admettra que la voyelle « e » prononcée « é » à la fin d'une syllabe prenne l'accent **aigu**, d'où :

Asséner (pour **assener**), **référendum** (pour **referendum**).

31°) L'accent **grave**.

Quand un « é » est prononcé « è » en fin de syllabe, on admettra l'emploi de l'accent **grave** à la place de l'accent aigu, d'où :

Évènement (pour **événement**), je **cèderai** (pour je **céderai**).

32°) L'accent **circonflexe**.

On admettra l'omission de l'accent circonflexe sur les voyelles **a, e, i, o, u** sauf lorsque cette tolérance entraînerait une confusion entre deux mots, les rendant homographes.

a) On pourra donc écrire **crane** (pour **crâne**), **épitre** (pour **épître**), **crument** (pour **crûment**).

> REMARQUE. Écrire **crane** sans accent circonflexe permet de supposer que ce mot rime avec **cane**, ce qui est pourtant loin d'être le cas.

b) Mais on distinguera **tâche** de **tache**, **forêt** de **foret**, vous **dîtes** de vous **dites**, **rôder** de **roder**, qu'il **fût** de il **fut**.

> REMARQUE. De nos jours, l'emploi du passé simple **vous dîtes** et de l'imparfait du subjonctif **qu'il fût** est suffisamment exceptionnel pour que de tels scrupules concernant l'accent circonflexe n'aient pas trop lieu d'accaparer les esprits.

33°) **Le trait d'union.**

On admettra l'omission du trait d'union sauf quand il évite une ambiguïté comme dans **petite-fille** et **petite**

fille* et quand il est placé avant et après le « t » eupho-nique de **viendra-t-il**, par exemple. On tolérera donc :

Arc en ciel (pour **arc-en-ciel**), **nouveau né** (pour **nouveau-né**), **crois tu ?** (pour **crois-tu ?**), **est ce** vrai ? (pour **est-ce** vrai ?), **dit on** (pour **dit-on**), **dix huit** (pour **dix-huit**), **dix huitième** (pour **dix-huitième**), **par ci, par là** (pour **par-ci, par-là**).

CONCLUSION

N'oublions pas que ces tolérances, qui portent généralement sur des points de moindre importance, ne concer-
nent que les examens et les concours dépendant du
ministère de l'Éducation ainsi que les étapes de la scolarité
élémentaire et de la scolarité secondaire, qu'il s'agisse ou
non d'épreuves spéciales d'orthographe.

Plût à Dieu que, en règle générale, l'orthographe soit à
ce point respectée qu'enseignants et correcteurs en soient
amenés à n'exercer leur mansuétude que sur les trente-
trois points ci-dessus exposés en pénalisant sans aucune
indulgence les fautes scandaleuses qui, de nos jours,
défigurent tant de copies en raison d'un gigantesque
laisser-aller et d'une monumentale paresse d'esprit incom-
patibles avec la poursuite d'études sérieuses.

Enfin, la pagaille étant ce qu'elle est, on remarquera
sans surprise que ces nombreuses tolérances sont tantôt
splendidement ignorées, tantôt contredites par les rectifications de l'orthographe en date du 19 juin 1990*, ce qui
déconcertera encore davantage le corps enseignant pour
peu qu'il attache quelque importance à l'orthographe.

---

* Voir page 261.

SUPPLÉMENT

Rectifications de l'orthographe
en date du 19 juin 1990

Parrainé par l'Académie française, le Conseil supérieur de la langue française avait fait adopter par le Premier ministre les décisions suivantes, sans tenir le moindre compte des véritables aspects du massacre de l'orthographe, ni de ses causes profondes qui, pourtant, sautent aux yeux de quiconque sait les ouvrir. Les graphies « new look » devaient être enseignées à partir de septembre 1991, sans que soient pour autant déclarées fautives celles qui ont cours actuellement. Cette invraisemblable dualité eût entraîné une pagaille noire qui, tout en désarçonnant les gens de moins en moins nombreux qui respectent l'orthographe, eût laissé totalement indifférents les millions de cerveaux en chômage qui la massacrent par pure désinvolture et auraient continué d'écrire, entre autres monstruosités, « il faut qu'il *est* » au lieu de « ... qu'il *ait* ».

Parmi les modifications décidées par ces imperturbables « sages », on remarquera que, pour s'aligner sur *charrette* et *combattant*, les mots *chariot* et *combatif* devaient prendre une consonne double, soit : « charriot » et « combattif », alors qu'une véritable simplification eût consisté à écrire « charette » et « combatant » avec une consonne simple. Mais il est des cas où il ne faut pas être trop pointilleux avec la logique...

C'est pourquoi on notera avec stupéfaction que l'essuie-mains, le tire-fesses, le sèche-cheveux, le ramasse-miettes et le vide-ordures perdaient la marque du pluriel, ne permettant d'essuyer qu'une seule main, de ne poser qu'une fesse sur le remonte-pente, de ne sécher qu'un cheveu, de ne ramasser qu'une miette et de ne vider qu'une ordure (étrange singulier !). Inversement, les gratte-ciel devenus des « gratte-ciels » ne se dressaient plus vers le ciel comme maintenant, mais vers... les « ciels », qui n'étaient même pas des cieux ! Pareille absurdité était-elle bien nécessaire ? Par bonheur, l'Académie française, revenant le 17 janvier 1991 sur sa décision hâtive, cessa de parrainer cette vaste entreprise.

Quoi qu'il en soit, voici la longue liste des décisions prises par l'aréopage susmentionné :

1°) Le trait d'union

ANALYSE :

Le trait d'union a des emplois divers et importants en français : il se trouve aussi bien dans des usages mouvants et créatifs, à valeur stylistique, que dans des composés et locutions parfaitement indissociables, complètement lexicalisés. Il est en concurrence d'une part avec la composition par soudure ou agglutination, d'autre part avec le figement d'expressions dont les termes sont autonomes dans la graphie (exemples : **pomme de terre, compte rendu**).

L'agglutination ou soudure implique d'ordinaire que l'on n'analyse plus les éléments qui constituent le composé, dans des mots de formation ancienne, comme **vinaigre, portefaix, portefeuille, passeport, marchepied, hautbois, plafond**, etc.

Les mots formés à l'aide de préfixes ou de thèmes savants ou techniques (le plus souvent terminés par o-) sont soudés aussi dans l'énorme majorité des cas.

Dans les mots composés, le trait d'union peut marquer la différence avec de simples groupes syntaxiques (ou syntagmes), notamment :

a) Lorsque le groupe syntaxique est nominalisé : **un sans-gêne** (préposition + nom), **un ouvre-boîte** (verbe + complément) — ce procédé est extrêmement productif en français —, **le bien-être**, **un tête-à-tête**, **un laissez-passer**, **le qu'en-dira-t-on**, etc.

b) Lorsque le sens (et parfois le genre ou le nombre) du composé est différent de celui du groupe syntaxique : **un rouge-gorge** (métonymie), **un pot-de-vin**, **un œil-de-bœuf** (métaphore), **nu-propriétaire** (dérivé du groupe syntaxique « **nue propriété** », comme **long-courrier** de « **long cours** »), **franc-maçon** (calque de l'anglais), et évolutions particulières : **grand-père, petit-fils, belle-fille**.

c) Lorsque le composé ne respecte pas les règles ordinaires de la morphologie et de la syntaxe, par calque d'une autre langue (**haut-parleur**) ou survivance d'anciens usages : **grand-rue** (qui n'est pas nécessairement une grande rue), **quatre-vingts, soi-disant, pis-aller**, etc. ; **nouveau-né, mort-né, court-vêtu, demi-heure, nu-tête** (adjectif invariable).

PROPOSITIONS :

1) On conservera ces principes, et on les appliquera plus systématiquement.

2) On pourra notamment utiliser le trait d'union lorsque le nom composé est employé métaphoriquement : **barbe-de-capucin, langue-de-bœuf** (en botanique), **bonnet-d'évêque** (en cuisine et en architecture) ; mais **taille de guêpe** (il n'y a métaphore que sur le second terme), **langue de terre** (il n'y a métaphore que sur le premier terme), **langue de bœuf** (en cuisine, sans métaphore).

3) L'usage du trait d'union sera étendu aux numéraux formant un nombre composé, en deçà et au-delà de cent.

Exemples : elle **a vingt-quatre** ans, il lit la page **vingt-quatre**, elle a **cent-deux** ans, il lit la page **cent-trente-deux**, il lit la page **cent-soixante-et-onze**, il possède **sept-cent-mille-trois-cent-vingt-et-un** francs.

4) Il est recommandé aux lexicographes de poursuivre l'action de l'Académie française, en recourant à la soudure (par suppression du trait d'union) dans les cas où le mot est bien ancré dans l'usage et senti comme une seule unité lexicale (voir annexe 1).

Cependant, on évitera les soudures mettant en présence deux voyelles ou deux consonnes, qui risqueraient de susciter des prononciations défectueuses. Exemple : **extra-utérin**.

5) D'ores et déjà, l'extension de la soudure peut concerner les cas suivants :

a) Des noms fortement ancrés dans l'usage, composés d'une forme verbale suivie d'une forme nominale ou de « tout ». Exemples : **un croquemitaine, un piquenique** (voir liste 1).

b) Des noms composés d'une particule invariable suivie d'un nom ou d'un adjectif ; la tendance existante à la soudure sera généralisée avec les particules **contre**, **entre** quand elles sont utilisées comme préfixes, sur le modèle de **en** et **sur**, déjà pratiquement toujours soudés. L'usage de l'apostrophe sera également supprimé par la soudure.

Exemples : **à contrecourant** (comme **à contresens**), **s'entredévorer** (comme **s'entremanger**), **s'entraimer** (comme **s'entraider**), etc. (voir liste 2).

c) Des mots composés au moyen des préfixes latins ou grecs : **extra**, **ultra**, **intra**, **infra**, **supra**.

Exemples : **extraconjugal** (comme **extraordinaire**), **ultrafiltration, infrarouge**, etc. (voire liste 3).

d) Des mots composés à partir d'onomatopées ou similaires (voir liste 4).

e) D'autres mots composés d'éléments nominaux et adjectivaux, et souvent peu analysables aujourd'hui : **chaussetrappe** (où il n'y a ni notre « chausser », ni notre « trappe »), **quotepart, poudesoie** (dont l'origine est obscure), **terreplein** (calque de l'italien, qui n'a pas de rapport avec notre adjectif « plein »), etc. (voir liste 5).

f) Des mots composés d'origine latine ou étrangère, bien implantés dans l'usage (voir liste 6).

g) Les nombreux composés sur thèmes « savants » (en particulier en o·).

On écrira donc par exemple : **autovaccin, cinéroman, cirrocumulus, électroménager**, etc. (voir liste 7).

On fera cependant exception quand la composition sert précisément à marquer une relation entre deux noms propres ou géographiques : les relations **germano-polonaises**, le contentieux **anglo-danois**, les mythes **gréco-romains**, la culture **finno-ougrienne**, etc.

2°) Le pluriel

A) Le pluriel des mots composés

ANALYSE :

Les hésitations concernant le pluriel de mots composés à l'aide du trait d'union sont nombreuses, problème qui ne se pose pas quand les termes sont soudés.

Bien que le mot composé ne soit plus un groupe syntaxique, les grammairiens de naguère ont essayé de maintenir les règles de variation comme s'il s'agissait d'un groupe syntaxique, notamment :

— en se contredisant l'un l'autre, voire eux-mêmes, tantôt à propos des singuliers, tantôt à propos des pluriels : **un cure-dent, un cure-ongles, des après-midi**, mais **des après-dîners**, etc. ;

— en établissant des distinctions raffinées : entre des **gardes-meubles** (hommes) et des **garde-meubles** (lieux), selon une analyse fausse que Littré avait déjà dénoncée ; entre un **porte-montre** si l'objet ne peut recevoir qu'une montre, et un **porte-montres** s'il peut en recevoir plusieurs.

PROPOSITIONS :

Les noms composés d'un verbe et d'un nom prendront une marque du pluriel finale seulement quand le nom composé est lui-même au pluriel. Exemples : **un pèse-lettre, des pèse-lettres, un cure-dent, des cure-dents, un tire-fesse, des tire-fesses, un garde-meuble, des garde-meubles** (sans distinguer s'il s'agit d'homme ou de lieu) (voir liste 8).

Il en sera de même de ceux composés d'une préposition et d'un nom. Exemples : **un après-midi, un après-ski, un sans-abri, des après-midis, des après-skis, des sans-abris**.

Cependant, quand le nom prend une majuscule, ou quand il est précédé d'un article singulier, il ne prendra pas de marque de pluriel. Exemples : **des prie-Dieu, des trompe-l'œil, des trompe-la-mort**.

B) Le pluriel des mots empruntés

On accentuera l'intégration des mots empruntés en leur appliquant les règles du pluriel du français.

266

a) Les mots étrangers, sans considération de l'élément formateur final, formeront régulièrement leur pluriel avec un S non prononcé. Exemples: **des matchs, des lieds, des solos, des apparatchiks.**

Il en sera de même des mots d'origine latine. Exemples : **des maximums, des médias.**

Cependant, comme il est normal en français, les mots terminés par s, x et z resteront invariables. Exemples : **un boss, des boss, un kibboutz, des kibboutz.**

b) Les noms d'origine étrangère auront un singulier et un pluriel réguliers : **un zakouski, des zakouskis** ; **un camp touareg, des camps touaregs** ; **un ravioli, des raviolis** ; **un graffiti, des graffitis** ; **un lazzi, des lazzis** ; **un confetti, des confettis** (et tous les noms italiens en -i), etc.

c) Le pluriel de mots composés étrangers se trouvera simplifié par la soudure. Exemples : **des covergirls, des bluejeans, des ossobucos, des weekends, des hotdogs.**

3°) Le tréma et les accents

3.1 Le tréma

Le tréma interdit qu'on prononce deux lettres en un seul son (exemple : **naïf**). Il ne pose pas de problème quand il surmonte une voyelle prononcée (exemple : **héroïque**), mais déroute les usagers dans les rares cas où il surmonte une voyelle muette (exemple : **aiguë**). Il est souhaitable que ces anomalies soient supprimées, d'autant qu'elles entraînent des prononciations fautives.

a) Dans les mots suivants, on placera le tréma sur la voyelle qui doit être prononcée :

aigüe, ambigüe, exigüe, contigüe, ambigüité, exigüité, contigüité, cigüe.

b) On étendra l'usage du tréma aux mots où une suite -gue- ou -geu- conduit à des prononciations défectueuses : **argüer**, il **argüe** ; **gageüre, mangeüre, rongeüre, vergeüre.**

3.2 L'accent (grave ou aigu) sur le E

ANALYSE :

Il est nécessaire de rappeler ici que deux règles fondamentales régissent la quasi-totalité des cas :

→ *Première règle* :
La voyelle E ne reçoit un accent (aigu ou grave) que si elle est en finale de la syllabe graphique :

é/tude mais **es**/poir, **mé**/prise mais **mer**/cure, **inté**/ressant mais **intel**/ligent, etc.

Cette règle ne connaît que trois types d'exceptions :

— l'S final du mot n'est pas compté dans la syllabe, et permet l'accentuation du E qui le précède : **accès, progrès, aimés, degrés**, etc. ;

— dans un certain nombre de composés, le premier élément porte un accent, car il continue à être perçu avec son sens propre :

télé/spectateur (malgré **téles**/cope), **pré**/scolaire (malgré **pres**/crire), **dé**/stabiliser (malgré **des**/tituer).

→ *Deuxième règle* :
La voyelle E ne prend l'accent grave que si la syllabe suivante est composée d'un E sourd (précédée de consonne) ; dans les autres cas, elle prend l'accent aigu.

Exemples : **collège, collégien, fidèle, fidélité, règle, régulier, secrètement, secrétaire**, etc.

Par exception à cette règle :

— dans les composés dont le premier élément est un préfixe **pré-** ou **dé-** (en particulier la séquence **désh-**), celui-ci porte l'accent aigu.

Exemples : **déceler, dégeler, démesure, démener, dételer, développer, prélever, prévenir**, etc. ;

— dans les mots qui commencent par la voyelle E, celle-ci porte toujours un accent aigu.

Exemples : **échelon** (et dérivés), **écheniller** (et dérivés), **écheveler, édredon, élever** (et dérivés), **émeri, émeraude, épeler, éperon** (et dérivés); à ce type s'ajoute seulement **médecin** et s'oppose seulement **ère**.

L'application de ces régularités ne souffre qu'un petit nombre d'anomalies, qu'il convient de réduire.

Parmi celles-ci peuvent être rangées les hésitations dans l'usage du E accent grave dans les verbes en **-eler** et **-eter**.

ANALYSE :

L'infinitif de ces verbes comporte un E sourd radical, qui devient E ouvert devant une syllabe muette. Exemples : **acheter, j'achète, ruisseler, je ruisselle**.

Il existe deux procédés pour noter le E ouvert :

soit le redoublement de la consonne qui suit l'E (exemple : ruis**selle**) ;

soit le E accent grave, suivi d'une consonne simple (exemple : har**cèle**).

Mais quant au choix entre ces deux procédés, l'usage ne s'est pas fixé, jusqu'à l'heure actuelle : parmi les verbes concernés, il n'y en a que huit sur lesquels tous les dictionnaires soient d'accord.

On relève cependant une certaine préférence pour le E accent grave : par exemple dans le Dictionnaire de l'Académie de 1935, seulement une minorité d'entre eux ont la consonne double ; la solution en **-èle** et **-ète** est donc là largement dominante. Quelques dérivés en **-ement** sont liés à ces verbes (exemple : **amoncèlement**).

On mettra fin sur ce point aux hésitations, conformément à la tendance la plus importante.

Propositions :

On appliquera la règle générale, ce qui comporte les conséquences suivantes :

a) On munira d'un accent des mots dont il avait été omis, ou dont la prononciation a changé (voir liste 10).

b) On modifiera l'accent d'un certain nombre de mots qui ont échappé à la régularisation entreprise par l'Académie aux XVIIIe et XIXe siècles (voir liste 11).

c) On alignera sur le type **semer** les futurs et conditionnels des verbes du type **céder** : **je cèderai, je cèderais, j'allègerai, j'altèrerai, je considèrerai.**

d) La première personne du singulier en **-e** suivie du pronom **je** portera un accent grave : **aimè-je, puissè-je,** etc.

e) On mettra un accent sur des mots étrangers (empruntés au latin ou à d'autres langues) intégrés au français (voir liste 12).

f) Verbes en **-eler** et **-eter**.

On généralisera le procédé de l'E accent grave pour noter le son E ouvert du radical dans l'ensemble des verbes en **-eler** et en **-eter**.

On conjuguera donc, les uns sur le modèle de **peler** et les autres sur le modèle d'**acheter** : **je harcèle, il ruissèle, je harcèlerai, il ruissèlera, j'époussète, j'étiquète, il époussètera, il étiquètera.**

On fera exception pour **appeler**, **jeter**, et leurs dérivés (parmi lesquels on rangera **interpeler**).

Les dérivés en **-ment** (et seulement ceux-là) de ces verbes suivront la même orthographe : **amoncèlement, bossèlement, chancèlement, cisèlement, cliquètement, craquèlement, craquètement, cuvèlement, dénivèlement, ensorcèlement, étincèlement, grommèlement, martèlement, morcèlement, musèlement, nivèlement, ruissèlement, volètement.**

> *REMARQUE* : Le verbe **interpeller**, malgré l'orthographe et l'étymologie, est le plus souvent prononcé, non avec un E ouvert (comme **pelle**), mais avec un E sourd, comme **peler** et **appeler** : on l'inclura dans les dérivés de **appeler**, dont il suivra la conjugaison. Exemples : **interpeler**, il **interpelle**, il **a été interpelé**.

3.3 L'accent circonflexe

ANALYSE :

L'accent circonflexe est la principale cause des fautes d'orthographe, puisqu'il a pu être montré que son mauvais emploi constituait la moitié de celles-ci, et même l'usage des personnes instruites est loin d'être satisfaisant à son égard. Rien ne permet de penser que cette situation soit vraiment nouvelle, mais il est souhaitable, en particulier pour l'enseignement, de la comprendre et d'y remédier. La stabilité du système des accents nécessaires au français dépend de la clarification qu'on pourra opérer quant au circonflexe. Le caractère très incohérent, arbitraire, des emplois du circonflexe, empêche tout enseignement systématique ou historique, et ne peut trouver aucun appui dans le sentiment linguistique, car il n'est jamais nécessaire.

Il a des justifications étymologiques ou historiques peu

cohérentes : par exemple, la disparition d'un S n'empêche pas que l'on écrive **votre**, **notre**, **mouche**, **moite**, **chaque**, **coteau**, **moutarde**, **coutume**, **mépris**, etc. En revanche, dans **extrême** par exemple, on ne peut lui trouver aucune justification.

Il n'est pas constant à l'intérieur d'une même famille : **jeûner**, **déjeuner** ; **côte**, **coteau** ; **grâce**, **gracieux** ; **mêler**, **mélange** ; **icône**, **iconoclaste**, ni même dans la conjugaison de certains verbes (**être**, **êtes**, **était**, **étant**).

Des mots dont l'histoire est tout à fait parallèle sont traités différemment : **mû**, mais **su**, **tu**, **vu**, etc. ; **plaît**, mais **tait**.

Le circonflexe ne donne des indications sur la prononciation que dans une minorité des mots où il apparaît, et seulement en syllabe accentuée (tonique) ; les distinctions concernées sont elles-mêmes en voie de disparition rapide. L'usage du circonflexe y est loin d'être cohérent : **bateau**, **château**, **noirâtre**, **pédiatre**, **zone**, **clone**, **aumône**, **atome**, **monôme**. Enfin, sur la voyelle E, jamais le circonflexe n'indique une valeur différente de celle de l'accent grave (ou aigu dans quelques cas) : comparer **il mêle**, **il harcèle**, **même**, **thème**, **crème**, **chrême**.

Le véritable remède serait donc la disparition de ce signe (et son remplacement par les autres accents sur la voyelle E).

Cependant, le circonflexe paraît à certains inséparable de l'image de quelques mots ; il affecte parfois la prononciation et suscite même certains investissements affectifs (auxquels personne, rappelons-le, ne sera tenu de renoncer).

Enfin, certains ont le sentiment d'une différence phonétique entre **a** et **â**, **o** et **ô**, **è** ou **é** et **ê**. Ces oppositions n'existent pas du tout sur les voyelles **i** et **u** (comparer **cime**, **abîme**, **haine**, **chaîne**, **route**, **croûte**, **huche**, **bûche**, **bout**, **moût**, etc.).

Compte tenu des remarques précédentes, il ne paraît guère possible pour l'instant de supprimer ou de remplacer tous les circonflexes. Mais il ne paraît pas possible non plus de garder la situation actuelle : l'amélioration de la graphie à ce sujet passe donc par une réduction du nombre de cas où il est utilisé.

PROPOSITIONS :

a) On n'utilisera plus l'accent circonflexe dans la création de mots nouveaux, ni dans la transcription d'emprunts.

b) Il est recommandé aux lexicographes de prendre en considération l'usage graphique réel, pour ce qui concerne le non-emploi de l'accent circonflexe.

c) On n'utilisera plus le circonflexe sur le **i** et le **u**, où il ne correspond jamais à un sentiment de différence de prononciation (voir listes 13 et 14). On fera exception, à la demande de l'Académie française, pour les infinitifs de verbes en **-aître**. Exemples : **naître**, **paraître**, etc.

d) Les formes verbales de passé simple (première et deuxième personnes du pluriel) et de subjonctif imparfait (troisième personne du singulier) garderont un accent circonflexe sur la terminaison, quelle qu'en soit la voyelle.

e) On gardera l'accent circonflexe dans cinq cas où il permet des distinctions graphiques utiles : **crû**, il **croît** (et autres formes de **croître** homographes de celles de **croire**), **dû** (de devoir), **jeûne**, **mûr**, **sûr**. L'exception ne concerne pas les dérivés et composés de ces mots.

REMARQUE : Cette mesure entraîne la rectification de certaines anomalies. On écrira en effet :
mu (comme **su**, **tu**, **vu**, **lu**, etc.)
plait (comme **tait**, **fait**)
piqure, **surpiqure** (comme **morsure**, etc.)
traine, **traitre**, et leurs dérivés (comme **gaine**, **haine**, **faine**)

assidument, congrument, continument, crument, dument, goulument, incongrument, indument, nument (comme **absolument, éperdument, ingénument, résolument**).

f) Le circonflexe sera de plus supprimé dans les cas suivants, où il apparaît à tous égards comme une anomalie :

— **allo** (déjà en usage et dans certains dictionnaires) (comme **do, halo, duo, casino, domino**, etc.)

— la finale **-ose** s'écrit sans accent, quelle que soit son origine (**rose, dose, chose, prose, glucose, névrose**, etc.) à quatre exceptions près, qu'on rectifiera donc en écrivant **ptose, nivose, pluviose, ventose**.

4°) *Le participe passé des verbes pronominaux*

ANALYSE :

La règle actuelle, qui ne date que de la fin du XVIIe siècle, est d'une application difficile et donne lieu à des fautes très nombreuses, même chez les écrivains.

La règle peut se résumer ainsi :

— si **se** est l'équivalent de **soi, l'un l'autre** ou **les uns les autres**, le participe s'accorde avec le sujet. Exemple : elle s'est **lavée**.

— si **se** équivaut à **à soi, l'un à l'autre** ou **les uns aux autres**, le participe passé ne s'accorde pas avec le sujet. Exemple : **elle s'est lavé la main**. Mais il s'accorde avec l'objet si celui-ci est placé avant le verbe. Exemple : la main qu'elle s'est **lavée**.

Cette règle permet d'écrire correctement la phrase traditionnelle : Que d'hommes se sont **craints, déplu, détestés, nui, haïs** et **succédé** !

Elle suppose donc l'analyse du pronom réfléchi, qui est parfois artificielle ou malaisée.

Cependant, il est apparu aux experts que ce problème d'orthographe grammaticale ne pouvait être résolu en même temps que les autres difficultés abordées, pour deux raisons au moins. D'abord, la mise au point de propositions sur ce point demanderait quelques mois de plus. Ensuite il est impossible de modifier la règle dans les participes de verbes pronominaux sans modifier aussi les règles concernant les verbes non pronominaux : on ne peut pas séparer les uns des autres, et c'est l'ensemble qu'il faudrait mettre en chantier.

Il ne sera donc fait qu'une proposition, permettant de simplifier un point particulièrement embarrassant.

PROPOSITION :

On alignera **laisser** suivi d'un infinitif sur **faire**, qui reste invariable dans ce cas (avec l'auxiliaire avoir comme à la forme pronominale).

Le participe passé de **laisser** suivi d'un infinitif sera donc invariable, même quand l'objet est placé avant le verbe, et même quand il est employé avec l'auxiliaire avoir.

Exemples :

elle s'est **laissé** séduire (*cf.* elle s'est **fait** féliciter)

elle s'est **laissé** mourir (*cf.* elle s'est **fait** mourir)

je les ai **laissé** partir (*cf.* je les ai **fait** partir)

la maison qu'elle a **laissé** saccager (*cf.* la maison qu'elle a **fait** repeindre)

RAPPEL. Locutions verbales dans lesquelles le participe reste invariable :

se rendre compte : elles se sont **rendu** compte de

se faire jour : elles se sont **fait** jour

se faire l'écho : elles se sont **fait** l'écho.

se faire fort de : elles se sont **fait** fort de
s'en vouloir de : elles s'en sont **voulu** de
ne pas s'en faire : elles ne s'en sont pas **fait**
s'en mettre (plein les poches...) : elles s'en sont **mis**
s'en prendre à : elles s'en sont **pris** à
s'en donner (à cœur joie...) : elles s'en sont **donné**

5°) *Les anomalies*

ANALYSE :

Les anomalies sont des graphies non conformes aux règles générales de l'écriture du français (comme **oign** dans **oignon**) ou à celles d'une série précise. On peut classer celles qui ont été examinées en trois catégories :

A) Séries désaccordées :
Certaines graphies heurtent à la fois l'histoire et le sentiment de la langue de chacun, et chargent inutilement l'orthographe de bizarreries, ce qui n'est ni esthétique, ni logique, ni commode. Conformément à la réflexion déjà menée par l'Académie sur cette question, ces points de détail seront rectifiés.

B) Traitement graphique des emprunts :
Le processus d'intégration des mots empruntés conduit à la régularisation de leur graphie, conformément aux règles générales du français. Cela implique qu'ils perdent certains signes distinctifs « exotiques », et qu'ils entrent dans les régularités de la graphie française. On tiendra compte cependant du fait que certaines graphies étrangères, anglaises en particulier, sont généralement comprises correctement par la majorité des utilisateurs du français.

C) Dérivés formés sur les noms qui se terminent par -on *et* -an :

La formation de ces dérivés s'est faite et se fait soit en doublant le N final du radical, soit en le gardant simple. L'usage, y compris celui des dictionnaires, connaît beaucoup de difficultés et de contradictions, qu'il serait utile de réduire.

• Sur les noms en **-an** (une cinquantaine de radicaux), le N simple est largement prédominant dans l'usage actuel. Un cinquième des radicaux seulement y font exception (pour seulement un quart environ de leurs dérivés).

• Sur les noms en **-on** (plus de 400 radicaux, et trois fois plus de dérivés), la situation actuelle est plus complexe. On peut relever de très nombreux cas d'hésitation, à la fois dans l'usage et dans les dictionnaires. Selon qu'est utilisé tel ou tel suffixe, il peut exister une tendance prépondérante soit au N simple, soit au N double. On s'appuiera sur ces tendances pour introduire plus de régularité. Pour les terminaisons suffixales à propos desquelles il est impossible aujourd'hui de déterminer une telle tendance, on s'abstiendra d'intervenir.

PROPOSITIONS :

A) Séries désaccordées :
Les propositions de l'Académie (1975) seront reprises et appliquées (voir liste 15). On régularisera aussi quelques autres séries brèves (liste 16).

B) Emprunts :

> *RAPPEL.* Des commissions de terminologie sont chargées de proposer des termes de remplacement permettant d'éviter le recours aux mots étrangers.

a) On n'utilisera pas en français les signes diacritiques étrangers inutiles en français, ou n'appartenant pas à l'alphabet français actuel, et on ne cherchera pas à les remplacer.

Exemple : **fuhrer** au lieu de **führer**, **nirvana**, **devanagari**, au lieu de **nirvâna**, **devanâgari**.

b) Dans les cas où existent plusieurs graphies d'un mot étranger, on choisira celle qui est la plus proche du français. Exemples : des **litchis**, un enfant **ouzbek**, un **bogie**.

c) La graphie anglaise du suffixe nominal **-er** sera remplacée par **-eur** quand il existe un verbe à côté du nom. Exemples : **squatteur** (verbe **squatter**), **kidnappeur** (verbe **kidnapper**) mais **bestseller** (qui n'a pas de verbe correspondant).

C) Dérivés de noms en ·an *et* ·on :
- Sur les noms en **-an**, dans l'écriture de mots nouveaux, le N simple sera préféré dans tous les cas.
- Sur les noms en **-on**, dans l'écriture de mots nouveaux, le N simple sera préféré avec les terminaisons suffixales commençant par **i**, **o** et **a**. On écrira donc, par exemple : **-onite**, **-onologie**, **-onaire**, **-onalisme**, etc.

Liste 1. Soudure de mots formés à partir de formes verbales (p. 280).

Liste 2. Soudure de mots formés avec **contre** et **entre** (p. 281).

Liste 3. Soudure de mots formés avec **extra, infra, intra, ultra, supra** (p. 282).

Liste 4. Soudure de mots formés d'onomatopées ou assimilées (p. 283).

Liste 5. Soudure de mots formés d'éléments nominaux divers (p. 283).

Liste 6. Soudure de mots composés d'origine latine ou étrangère (p. 284).

Liste 7. Soudure de mots formés sur thèmes « savants » (p. 284).

Liste 8. Mots formés de Verbe + Nom (singulier et pluriel) (p. 285).

Liste 9. Le trait d'union dans les nombres (p. 286).

Liste 10. Mots où l'on ajoute un accent anciennement omis (p. 287).

Liste 11. Mots dont l'accent sera modifié pour se conformer à la règle générale d'accentuation (p. 287).

Listes 1 à 7 : Propositions d'agglutination (dans de nombreux cas, certains dictionnaires parmi les plus courants ont déjà opéré la soudure).

LISTE 1. *Soudure de mots formés à partir d'éléments verbaux (certains de ces mots sont déjà soudés dans divers dictionnaires).*

arcbouter	croquemort	portemonnaie
arrachepied (d')	croquenote	portevoix
boutentrain	faitout	poucepied
branlebas	fourretout	risquetout
brisetout	mangetout	tapecul
chaussetrappe	mêletout	tirebouchon
clochepied (à)	passepartout	tirebouchonner
coupecoupe	passepasse	tirefond
couvrepied	piquenique	tournedos
crochepied	porteclé	triqueballe
croquemadame	portecrayon	triquemadame
croquemitaine	portefaix	vanupied
croquemonsieur	portemine	

Soudures recommandées dans les composés utilisant **contre** *(certains de ces mots sont déjà soudés dans divers dictionnaires).*

contralizé
contrallée
contramiral
contrappel
contrassurance
contrattaque
contravis
contrebalancer
contrebas (en)
contrebasse
contrebassiste
contrebasson
contrebatterie
contreboutant
contrebouter
contrebutement
contrecarrer
contrechamp
contrechant
contrecœur (à)
contrecollage
contrecoller
contrecoup
contrecourant
contrecourbe
contrecoussinet
contrécrou
contreculture
contredanse
contrefenêtre
contrefer
contrefeu
contrefiche
contreficher (se)
contrefil

contrefilet
contrefort
contrefoutre (se)
contrefugue
contrehaut (en)
contrejour
contrélectromotrice
contrelettre
contremaître
contremaîtresse
contremanifestation
contremarche
contremarque
contremesure
contremine
contremur
contrenquête
contrepartie
contrepassation
contrepasser
contrepente
contreperformance
contrepet
contrepèterie
contrepied
contreplacage
contreplaqué
contreplongée
contrepoids
contrepoil (à)
contrepoint
contrepointe
contrepointiste
contrepoison
contreporte

contrépreuve
contreprojet
contreproposition
contreréforme
contrerévolution
contrescarpe
contreseing
contresens
contresignataire
contresigner
contrespionnage
contretaille
contretemps
contreterrorisme
contretimbre
contretirage
contretirer
contretorpilleur
contretransfert
contretype
contrevair
contrevaleur
contrevallation
contrevenant
contrevenir
contrevent
contreventement
contreventer
contrevérité
contrevoie (à)
contrevoir
contrexpertise
contrindication
controffensive
contrordre

entraccorder (s')
entraccuser (s')
entracte
entradmirer (s')
entraide
entraider
entrapercevoir
entraxe
entrebâillement
entrebâiller
entrebande
entrebattre (s')
entrechat
entrechoquement
entrechoquer
entrecolonne
entrecolonnement
entrécorce
entrecôte
entrecouper
entrecroisement
entrecroiser
entrecuisse
entredéchirer (s')

entredétruire (s')
entredeux
entredévorer (s')
entrefaites
entrefer
entrefermer
entrefilet
entregent
entrégorger (s')
entrejambe
entrelacement
entrelacer
entrelacs
entrelarder
entremêlement
entremêler
entremets
entremetteur
entremettre (s')
entremise
entrenœud
entrepont
entreposage
entreposer

entreposeur
entrepositaire
entrepôt
entreprenant
entreprendre
entreprise
entresol
entretailler (s')
entretemps
entretenir
entretisser
entretoile
entretoise
entretoisement
entretoiser
entretuer (s')
entrevoie
entrevoir
entrevous
entrevoûter
entrevue
entrobliger (s')
entrouvrir

LISTE 3. *Soudures recommandées dans les composés utilisant* **extra, infra, intra, supra, ultra** *(certains de ces mots sont déjà soudés dans divers dictionnaires).*

extraconjugal
extracorporel
extracourant
extrados
extradry
extrafin
extrafort
extragalactique

extrajudiciaire
extralégal
extralucide
extraordinaire
extraordinairement
extraparlementaire
extrapyramidal
extrasensible

extrasensoriel
extrasystole
extraterrestre
extraterritorialité
extravasation
extravaser (s')
extraversion
extraverti

infralittoral   infrason   infrastructure
infrarouge   infrasonore

intradermique   intratomique   intraveineux
intramusculaire

supraconducteur   supranational   suprasegmental
supraconduction   supranationalisme   suprasensible
supraconductivité   supranationalité   supraterrestre

ultracentrifugation   ultramicroscope   ultrason
ultracentrifugeuse   ultramicroscopie   ultraviolet
ultracourt   ultramoderne   ultravirus
ultrafiltration   ultramontain
ultrahaute   ultraroyaliste

LISTE 4. *Soudure de mots formés d'onomatopées ou assimilées (certains de ces mots sont déjà soudés dans divers dictionnaires).*

blabla   mélimélo   tohubohu
bouiboui   pêlemêle   traintrain
coincoin   pingpong   troutrou
froufrou   préchiprécha   tsétsé
grigri   tamtam   virevire
kifkif   teufteuf   yoyo

LISTE 5. *Soudure de mots formés d'éléments nominaux divers (certains de ces mots sont déjà soudés dans divers dictionnaires).*

bainmarie   chèvrepied   platebande
bassecontre   colinmaillard   poudesoie
bassecontriste   hautecontre   quotepart
bassecour   hautelisse   sagefemme
bassecourier   hautparleur   sangdragon
basselisse   jeanfoutre   saufconduit
basselissier   lieudit   stildegrain
bassetaille   millefeuille   terreplein
chaussetrappe   millepatte
chauvesouris   millepertuis

Soudure de mots composés d'origine latine ou étrangère (certains de ces mots sont déjà soudés dans divers dictionnaires).

Mots d'origine étrangère :

blackout	fairplay	majong
bluejean	folklore	ossobuco
chochow	globetrotter	pipeline
covergirl	handball	sidecar
cowboy	hotdog	striptease
cyclocross	lockout	weekend

Mots d'origine latine :

apriori (nom)	exvoto	vadémécum
exlibris	statuquo	

LISTE 7. *Soudures proposées pour les composés sur thèmes savants (certains de ces mots sont déjà soudés dans divers dictionnaires).*

aéroclub	cinéroman	fibrocartilage
aéroélectronique	cirrocumulus	fluvioglaciaire
ampèreheure	corticosurrénal	gastroentérite
audiovisuel	coxofémoral	gastroentérologue
autoalarme	cranioabdominal	gélatinobromure
autoallumage	craniofacial	glossopharyngien
autoamorçage	cricothyroïdien	hémidodécaèdre
autocouchette	cubitophalangien	hémioctaèdre
autoécole	cumulonimbus	hépatogastrique
autoexcitateur	cutiréaction	hydroélectricité
autostop	cyclocross	ilioabdominal
autovaccin	cylindroconique	iliolombaire
brachiocéphalique	électroacoustique	isoédrique
bronchopneumonie	électroaimant	kilowattheure
cardiomyopathie	électroencéphalo-	lacrymonasal
cardiovasculaire	gramme	lactodensimètre
céphalorachidien	électroménager	macroéconomie
céphalothorax	endoentérite	macroéconomique
chimicolégal	ethnogénéalogie	magnétoélectrique
chimicophysique	ferroalliage	médicolégal
cinéclub	ferroaluminium	médicosocial

microéconomie
microorganisme
monoatomique
néogothique
neurovégétatif
nivoglaciaire
oligoélément
orthoépie
photoélasticité
photoélectricité
phrénogastrique
physicochimie
physicomathématique
pilosébacé
pleuropéricardite
pneumohémorragie
protodorique
protohistoire
pseudarthrose

pseudoclassicisme
pseudofécondation
psychomoteur
psychosensorimoteur
pyroélectricité
radioactif
radioactivité
radioalignement
radioamateur
radioastronomie
radioélectricité
radioélément
radioguidage
radiojournal
radionavigation
rhinopharyngite
rhinopharynx
sacrosaint
scapulohuméral
sérosanguin

servofrein
servorégleur
socioéconomique
socioprofessionnel
spatiotemporel
surdimutité
téléimprimeur
téléobjectif
thermobaromètre
thermodiffuseur
thermoélectricité
thermoélectrique
triboélectricité
turboalternateur
typhobacillose
vasoconstricteur
vasodilatateur
vasomoteur
vélotaxi
voltampère

LISTE 8. *Exemples concernant le singulier et le pluriel de mots formés de Verbe + Nom (le second composant comporte une marque de pluriel seulement quand le mot composé est au pluriel).*

un abat-jour, des abat-jours
un aide-mémoire, des aide-mémoires
un amuse-gueule, des amuse-gueules
un appuie-tête, des appuie-têtes
un brise-glace, des brise-glaces
un brule-parfum, des brule-parfums
un cache-pot, des cache-pots
un casse-cou, des casse-cous
un chasse-neige, des chasse-neiges
un chauffe-eau, des chauffe-eaux
un chauffe-plat, des chauffe-plats
un compte-goutte, des compte-gouttes
un coupe-cigare, des coupe-cigares
un coupe-gorge, des coupe-gorges

un emporte-pièce, des emporte-pièces
un essuie-main, des essuie-mains
un fume-cigare, des fume-cigares
un gagne-petit, des gagne-petits
un garde-manger, des garde-mangers
un gratte-ciel, des gratte-ciels
un grille-pain, des grille-pains
un lance-torpille, des lance-torpilles
un lave-vaisselle, des lave-vaisselles
un monte-charge, des monte-charges
un ouvre-bouteille, des ouvre-bouteilles
un pare-choc, des pare-chocs
un perce-neige, des perce-neiges
un pèse-alcool, des pèse-alcools
un porte-aiguille, des porte-aiguilles
un pousse-café, des pousse-cafés
un ramasse-miette, des ramasse-miettes
un rince-bouteille, des rince-bouteilles
un saute-ruisseau, des saute-ruisseaux
un sèche-cheveu, des sèche-cheveux
un serre-livre, des serre-livres
un serre-tête, des serre-têtes
un souffre-douleur, des souffre-douleurs
un tire-fesse, des tire-fesses
un tord-boyau, des tord-boyaux
un tourne-disque, des tourne-disques
un traine-misère, des traine-misères
un vide-ordure, des vide-ordures

LISTE 9. *Exemples concernant l'orthographe des nombres (les numéraux sont reliés par un trait d'union).*

Cet ouvrage comporte dix-huit pages.
Cet ouvrage comporte vingt-et-une pages.
Cet ouvrage comporte vingt-quatre pages.
Cet ouvrage comporte trente-six pages.
Cet ouvrage comporte cent-deux pages.
Cet ouvrage comporte quatre-vingts pages.
Cet ouvrage comporte quatre-vingt-trois pages.

Cet ouvrage comporte cent-quatre-vingts pages.
Cet ouvrage comporte deux-cent-quatre-vingt-trois pages.
Cet ouvrage date de l'an huit-cents.
Cet ouvrage date de l'année huit-cent-quarante-deux.
Cet ouvrage date de l'année quatre-vingts.
Cet ouvrage date de l'année quatre-vingt-neuf.
Cet ouvrage sera publié en l'an deux-mille-deux-cent-onze.
Cette maison a été achetée trois-cent-quatre-vingt-mille-deux-cents francs.

LISTE 10. *Mots où l'on ajoutera un accent anciennement omis.*

asséner	québécois	réclusionnaire
bélitre	recéler	réfréner
bésicles	recépage	sèneçon
démiurge	recépée	sénescence
gélinotte	recéper	sénestre

LISTE 11. *Mots dont l'accent sera modifié pour se conformer à la règle générale d'accentuation.*

abrègement	crèpeler	règlementation
affèterie	crèteler	règlementer
allègement	empiètement	sècheresse
allègrement	évènement	sècherie
assèchement	fèverole	sènevé
cèleri	hébètement	tèterelle
complètement (nom)	règlementaire	vènerie
crèmerie	règlementairement	

LISTE 12. *Mots d'origine latine ou étrangère qui seront munis d'un accent.*

Mots d'origine latine :

artéfact	désidératum	jéjunum
critérium	duodénum	linoléum
déléatur	exéat	mémento
délirium	exéquatur	mémorandum
désidérata	facsimilé	phylloxéra

287

placébo	sérapéum	vélarium
proscénium	spéculum	vélum
référendum	tépidarium	véto
satisfécit	trémens	
sénior	vadémécum	

Mots empruntés à d'autres langues :

allégretto	décrescendo	péso
allégro	édelweiss	piéta
azuléjo	imprésario	révolver
braséro	kakémono	séquoia
chébec	méhalla	sombréro
chéchia	pédigrée	téocali
cicérone	pénalty	trémolo
condottière	péséta	zarzuéla

LISTE 13. *Mots qui s'écriront sans accent circonflexe sur le* i (*« conj. » signifie : « ainsi que sa conjugaison »*).

abime	cloitre	emboitement
abimer (conj.)	cloitrer (conj.)	emboiter (conj.)
accroitre (conj.)	contremaitre	emboiture
ainé	croitre (conj.)	enchainement
ainesse	déboitement	enchainer (conj.)
après-diner	déboiter (conj.)	enfaiteau
bélitre	déchainement	enfaitement
benoit	déchainer (conj.)	enfaiter (conj.)
benoitement	décroit (nom)	entrainable
boite	décroitre (conj.)	entrainant
boitier	défraichir (conj.)	entrainement
chainage	désenchainer (conj.)	entrainer (conj.)
chaine	dime	entraineur
chainer (conj.)	dinatoire	entraineuse
chainetier	diner (nom)	épitre
chainette	diner (conj.)	faitage
chaineur	dinette	faite
chainier	dineur	faitier
chainiste	dineuse	faitière
chainon	emboitable	fraiche
ci-git	emboitage	fraichement

fraicheur
fraichin
fraichir (conj.)
gaiment
gaité
gite
giter (conj.)
huitre
huitrier
huitrière
ile
ilet
ilien
ilot
ilotage
ilotier
maitre
maitre-à-danser
maitre-assistant
maitre-autel
maitre-chien
maitre-cylindre

maitre-directeur
maitre-penseur
maitresse
maitrisable
maitrise
maitriser (conj.)
maraichage
maraicher
maraichin
noroit
ouvre-boite
ouvre-huitre
petit-maitre
presqu'ile
puiné
quartier-maitre
rafraichir (conj.)
rafraichissant
rafraichissement
reitre
remboitage
remboitement

remboiter (conj.)
renfaiter (conj.)
sous-faite
sous-maitre
sous-maitresse
suroit
trainage
trainailler (conj.)
trainant
trainard
trainasser (conj.)
traine
traine-savates
traineau
trainée
trainement
trainer (conj.)
traineur
traitre
traitreusement
traitrise

LISTE 14. *Mots qui s'écriront sans accent circonflexe sur le* **u** *(« conj. » signifie : « ainsi que sa conjugaison »).*

affut
affutage
affuter (conj.)
affuteur
affutiaux
aout
aoutat
aoutement
aoutien
arrière-gout
assidument
avant-gout
brulage

brulant
brule-gueule
brule-parfum
brule-pourpoint
bruler (conj.)
brulerie
bruleur
brulis
bruloir
brulot
brulure
buche
bucher (nom)

bucher (conj.)
bucheron
buchette
bucheur
casse-croute
congrument
continument
cout
coutant
couter (conj.)
couteusement
couteux
croute

crouter (conj.)   fluter (conj.)   muron
crouteux   flutiau   nument
crouton   flutiste   pèse-mout
crument   fut   raffuter (conj.)
dégout   goulument   ragout
dégoutamment   gout   ragoutant
dégoutant   gouter (conj.)   rebruler (conj.)
dégoutation   gouteur   recru
dégouter (conj.)   gouteux   soul
dessouler (conj.)   imbrulé   soulant
dument   incongrument   soulard
écrouter (conj.)   indument   souler (conj.)
embuche   jeuner (conj.)   soulerie
encroutement   jeuneur   soulographe
encrouter (conj.)   mout   soulographie
enfutage   mu (de mouvoir)   soulon
enfutailler   mure   soulot
enfuter (conj.)   murement   surcout
envoutant   murier   sureté
envoutement   murir   voutain
envouter (conj.)   murissage   voute
envouteur   murissant   vouter (conj.)
flute   murissement
fluteau   murisserie

LISTE 15. *Anomalies rectifiées à partir des propositions de l'Académie (1975).*

appâts (au lieu de appas)
bonhommie (au lieu de bonhomie)
boursoufflement (au lieu de boursouflement)
boursouffler (au lieu de boursoufler)
boursoufflure (au lieu de boursouflure)
cahutte (au lieu de cahute)
charriot (au lieu de chariot)
chaussetrappe (au lieu de chausse-trape)
combattif (au lieu de combatif)
combattivité (au lieu de combativité)
cuisseau (au lieu de cuissot)

deciller (au lieu de dessiller)
embattre (au lieu de embatre)
encognure (au lieu de encoignure)
fond (au lieu de fonds)
imbécilité (au lieu de imbécillité)
innommé (au lieu de innomé)
levreau (au lieu de levraut)
ognon (au lieu de oignon)
persifflage (au lieu de persiflage)
persiffler (au lieu de persifler)
persiffleur (au lieu de persifleur)
prudhommal [avec soudure] (au lieu de prud'homal)
prudhommie [avec soudure] (au lieu de prud'homie)
relai (au lieu de relais)
sottie (au lieu de sotie)
tréfond (au lieu de tréfonds)
ventail (au lieu de vantail)

LISTE 16. *Rectifications portant sur d'autres anomalies.*

a) Le **E** « sourd » ne peut être suivi d'une consonne double :

interpeler (au lieu de interpeller)
dentelière (au lieu de dentellière)
curetage (au lieu de curettage)
lunetier (au lieu de lunettier)
pommeté (au lieu de pommetté)
prunelier (au lieu de prunellier)

b) On n'écrira plus en **-ier** la terminaison des mots suivants :

aiguiller (au lieu de aiguillier)
chataigner (au lieu de chataignier)
groseiller (au lieu de groseillier)
joailler (au lieu de joaillier)
manceniller (au lieu de mancenillier)
marguiller (au lieu de marguillier)

médailler (au lieu de médaillier)
ouillère (au lieu de ouillière)
quincailler (au lieu de quincaillier)
sapotiller (au lieu de sapotillier)
serpillère (au lieu de serpillière)
vaniller (au lieu de vanillier)

c) Terminaison en -otter ou -oter :

— Sur une base en **-otte** :
botter
calotter
crotter
etc.

— Sur une autre base :
baisoter
balloter
bouilloter
cachoter
dansoter
dégoter (mot isolé)
failloter
frisoter
garroter
greloter
mangeoter
margoter
marmoter
rouloter
etc.
(comme clignoter, crachoter, siffloter, toussoter, etc.).

— Dérivés des verbes en **-oter** :
ballotement
cachotier
grelotement
frisotis
marmotier
marmotement
etc.

d) Les noms se terminant par **-olle** ne prendront qu'un seul **L** :

barcarole
bouterole
corole
fumerole
girole
grole
guibole
lignerole
mariole
muserole
rousserole
tavaïole
trole

e) Anomalies diverses :

absout (au lieu de absous)
assoir (au lieu de asseoir)
bizut (au lieu de bizuth)
dissout (au lieu de dissous)
douçâtre (au lieu de douceâtre)
exéma (au lieu de eczéma)
guilde (au lieu de ghilde)
gymcana (au lieu de gymkhana)
homéo- (au lieu de homoeo-)
nénufar (au lieu de nénuphar)
pagaille (au lieu de pagaïe)
ponch (boisson, au lieu de punch)
rassoir (au lieu de rasseoir)
saccarine (au lieu de saccharine)
sconse (au lieu de skunks)
sorgo (au lieu de sorgho)
soul (au lieu de saoul)
sursoir (au lieu de surseoir)
tocade (au lieu de toquade)

RÉCAPITULATION

CE QUI S'ADRESSE AU GRAND PUBLIC ET QUI POURRA ÊTRE ENSEIGNÉ DANS LES PLUS BREFS DÉLAIS :

1) *L'USAGE DU TRAIT D'UNION DANS LES MOTS COMPOSÉS*

Extension de la soudure :
- **croquemitaine, piquenique, quotepart**, etc.
- avec les particules **contre, entre** : **à contrecourant** (comme **à contresens**), **s'entraimer** (comme **s'entraider**)
- avec les préfixes latins ou grecs : **extra, intra, ultra, infra, supra** : **extraconjugal** (comme **extraordinaire**)
- mots composés à partir d'onomatopées : **blabla, tamtam**
- mots composés d'origine latine ou étrangère : **cowboy, weekend, statuquo**, etc.
- mots composés sur thèmes « savants » (en **o-**, etc.) : **autovaccin, cinéroman**, etc.

2) *LE TRAIT D'UNION DANS LES NOMBRES*

L'usage du trait d'union sera étendu aux numéraux formant un nombre complexe, en deçà, et au-delà de cent. Exemple : il lit la page **cent-soixante-et-onze**.

3) LE SINGULIER ET LE PLURIEL DES MOTS COMPOSÉS

Prendront une marque du pluriel finale seulement quand le nom composé est lui-même au pluriel :

• les *noms composés d'un verbe et d'un nom* : **un pèse-lettre, des pèse-lettres** ;

• les *noms composés d'une préposition et d'un nom* : **un après-midi, des après-midis.**

4) LE PLURIEL DES MOTS EMPRUNTÉS

On accentuera l'intégration des mots empruntés en leur appliquant les règles du pluriel du français. Ils formeront régulièrement leur pluriel en **s** : des **matchs**, des **lieds**, des **solos**, des **maximums**, des **médias**, un **ravioli**, des **raviolis**, des **ossobucos**, des **weekends**, etc.

5) LE CIRCONFLEXE

On ne l'utilisera plus sur **i** et **u**, sauf dans :

• les infinitifs des verbes en **-aître** (à la demande de l'Académie française) : **naître**, **paraître**, etc. ;

• le passé simple (1re et 2e personnes du pluriel) et le subjonctif imparfait (3e personne du singulier) : nous réclamâmes qu'il **prît** la parole ;

• cinq cas où le circonflexe permet des distinctions utiles : **crû** et il **croît** (verbe **croître**), **dû** (verbe **devoir**), **jeûne**, **mûr**, **sûr**.

6) LE TRÉMA

On le placera sur la voyelle prononcée dans **aigüe**, etc.
On étendra son usage à **argüer, il argüe, gageüre**, etc.

7) L'ACCENT (GRAVE OU AIGU) SUR LE E

- On munira d'un accent : **asséner, réfréner**, etc.
- On modifiera l'accent : **allègrement, évènement, aimè-je, puissè-je**, etc.
- On alignera sur le type **semer** les futurs et conditionnels : **je considèrerai, je considèrerais**, etc.

8) VERBE EN -ELER ET -ETER

On les conjuguera sur le modèle de **peler** et d'**acheter** : **il ruissèle, j'époussète**, etc. (exceptions : **appeler, jeter** et leurs dérivés, parmi lesquels on rangera **interpeler**).
Leurs dérivés en **-ment** suivront : **ruissèlement**, etc.

9) LE PARTICIPE PASSÉ DES VERBES PRONOMINAUX

Le participe passé de laisser suivi d'un infinitif sera aligné sur celui de faire, qui reste invariable dans ce cas (même quand l'objet est placé avant le verbe, et même avec l'auxiliaire **avoir**) : **elle s'est laissé séduire** (comme **elle s'est fait féliciter**), **je les ai laissé partir** (comme **je les ai fait partir**), etc.

10) LES ANOMALIES

Les propositions de l'Académie (1975) seront reprises ainsi que quelques autres séries brèves : **combattif** (au lieu de **combatif**), **persifflage** (persiflage), **groseiller** (groseillier), **greloter** (grelotter), **corole** (corolle), **douçâtre** (douceâtre), etc.

CE QUI EST RECOMMANDÉ AUX LEXICOGRAPHES ET CRÉATEURS DE NÉOLOGISMES

1) LE TRAIT D'UNION

On conservera les principes actuels, qu'on appliquera plus systématiquement.

On poursuivra l'action de l'Académie française : suppression du trait d'union de mots bien ancrés dans l'usage et sentis comme unités lexicales. Dans les composés sur thèmes « savants », on systématisera la soudure.

2) L'ACCENT CIRCONFLEXE

On ne l'utilisera plus dans la création de mots nouveaux, ni dans la transcription d'emprunts.

3) ANOMALIES DANS LES EMPRUNTS

On n'utilisera pas les signes diacritiques étrangers inutiles en français, ou n'appartenant pas à l'alphabet français actuel, et on ne cherchera pas à les remplacer : **fuhrer** (au lieu de **führer**), **nirvana**, **devanagari** (**nirvâna**, **devanâgari**), etc.

On privilégiera les graphies les plus proches du français : des **litchis**, un enfant **ouzbek**, un **bogie**.

Terminaison anglaise -**er** : on écrira **kidnappeur** (verbe **kidnapper**) mais **bestseller** (pas de verbe correspondant).

4) DÉRIVÉS DE NOMS EN -AN ET EN -ON

Dans l'écriture de mots nouveaux le N simple sera préféré : **réunionite**, etc.

INDEX

299

Table

II. ORTHOGRAPHE

III. PRONONCIATION

IV. GRAMMAIRE

La Pochothèque

Une nouvelle série du Livre de Poche
au format 12,5 × 19

Le Petit Littré

Broché cousu - 1 946 pages - 120 F

L'édition du « Petit Littré » est la version abrégée du monument de science lexicographique édifié voilà un peu plus d'un siècle par Émile Littré à la demande de son ami Louis Hachette. Elle a été établie sous le contrôle de Littré par A. Beaujean, professeur d'Université, ami et collaborateur de l'auteur pendant plus de vingt ans.

Cet « abrégé », connu sous le titre de « Petit Littré » et de « Littré-Beaujean », offre l'essentiel de ce que les étudiants et un grand public cultivé peuvent rechercher dans la version complète et développée.

Les caractéristiques et les qualités irremplaçables du « Grand Littré » se retrouvent dans le petit.

Littré retrace l'évolution du sens et de l'emploi de chaque terme, parfois sur plusieurs siècles. Il indique l'étymologie lorsqu'elle est sûre, les règles de prononciation et les particularités grammaticales ou orthographiques.

La place faite dans le « Petit Littré » à l'histoire des mots à travers les textes sur une période qui s'étend du Moyen Age au XIXᵉ siècle en fait un complément sans concurrent des ouvrages actuels. Il consigne un état monumental de la langue française qu'aucun grand dictionnaire ne remplace.

Le corpus du « Petit Littré » s'élève à 80 000 mots.

*

« Encyclopédies d'aujourd'hui »

Encyclopédie géographique

Broché cousu - 1 200 pages - 64 pages hors texte - 155 F

En un seul volume, l'inventaire actuel complet des 169 unités nationales du monde contemporain, de leurs institutions, de leur histoire, de leurs ressources naturelles, de leurs structures économiques, des courants d'échanges et des données statistiques sur les produits et les services.

L'ouvrage comporte trois parties :

1. L'astronomie, la géographie physique, les statistiques économiques de base conformes aux informations récentes (1990), les institutions internationales (100 pages) ;

2. La France (200 pages) ;

3. Les pays du monde (de l'Afghanistan au Zaïre) (900 pages) : monographies par pays présentées dans un ordre alphabétique.

Encyclopédie de l'art

Broché cousu - 1 400 pages - 195 F

Un inventaire et une analyse des grandes créations artistiques *de la Préhistoire à nos jours*. Toutes les époques, toutes les régions du monde, toutes les disciplines y sont présentées.

L'ouvrage comprend un *dictionnaire* de plusieurs milliers d'articles : des notices biographiques et critiques sur les artistes (peintres, architectes, sculpteurs, photographes, mais aussi décorateurs, orfèvres, céramistes, ébénistes, etc.) ; des exposés de synthèse sur les écoles, les genres, les mouvements, les techniques ; une présentation systématique des grandes civilisations du passé et des institutions ayant marqué l'histoire de l'art, l'analyse des rapports entre l'art et la vie économique de chaque époque.

Plusieurs annexes complètent le dictionnaire : une chronologie universelle ; un panorama des grandes créations architecturales ; un *lexique des termes techniques*, qui forme un rappel des mots de métier.

La richesse de l'iconographie (plus de 1 600 documents pour la plupart en couleurs) et la multiplicité des renvois animent et approfondissent les perspectives de lecture.

A paraître :

Dictionnaire des lettres françaises, de Mgr de Grente
   Moyen Age, XVIᵉ siècle, XVIIᵉ siècle, XVIIIᵉ siècle

Encyclopédie de la musique

Encyclopédie des sciences

Encyclopédie de la littérature

La Bibliothèque idéale
   (réédition du volume publié par *Lire*)

La Pochothèque

Une nouvelle série du Livre de Poche
au format 12,5 × 19

« Les Classiques modernes »

Jean Giraudoux : *Théâtre complet*

Édition établie, présentée et annotée par Guy Teissier
Préface de Jean-Pierre Giraudoux   1 277 pages - 140 F

Siegfried, Amphitryon 38, Judith, Intermezzo, Tessa, La guerre de Troie n'aura pas lieu, Supplément au voyage de Cook, Electre, L'Impromptu de Paris, Cantique des cantiques, Ondine, Sodome et Gomorrhe, L'Apollon de Bellac, La Folle de Chaillot, Pour Lucrèce.

Boris Vian : *Romans, nouvelles, œuvres diverses*

Édition établie, annotée et préfacée par Gilbert Pestureau   1 340 pages - 140 F

Les quatre romans essentiels signés Vian, L'Écume des jours, L'Automne à Pékin, L'Herbe rouge, L'Arrache-cœur, deux « Vernon Sullivan » : J'irai cracher sur vos tombes, Et on tuera tous les affreux, un ensemble de nouvelles, un choix de poèmes et de chansons, des écrits sur le jazz.

Stefan Zweig : *Romans et nouvelles*

Édition établie par Brigitte Vergne-Cain et Gérard Rudent   1 220 pages - 140 F

La Peur, Amok, Vingt-quatre heures de la vie d'une femme, La Pitié dangereuse, La Confusion des sentiments, etc. Au total, une vingtaine de romans et de nouvelles.

Jean Giono : *Romans et essais* (1928-1941)

Édition établie par Henri Godard   1 310 pages - 140 F

Colline, Un de Baumugnes, Regain, Présentation de Pan, Le Serpent d'étoiles, Jean le Bleu, Que ma joie demeure, Les Vraies Richesses, Triomphe de la vie.

Composition réalisée par C.M.L., Montrouge.

IMPRIMÉ EN FRANCE PAR BRODARD ET TAUPIN
Usine de La Flèche (Sarthe).
LIBRAIRIE GÉNÉRALE FRANÇAISE - 6, rue Pierre-Sarrazin - 75006 Paris.

ISBN : 2 - 253 - 05971 - 4   ✦ 30/8021/5